U0079258

小故事裡
的智慧

正面思考 71

小故事裡的智慧

編　　著　楊子潔
出 版 者　大拓文化事業有限公司
執行編輯　林秀如
封面設計　林鈺恆
內文排版　姚恩涵

總 經 銷　永續圖書有限公司
劃撥帳號　18669219
地　　址　22103 新北市汐止區大同路三段一九十四號九樓之一
TEL　(○二)八六四七—三六六三
FAX　(○二)八六四七—三六六○
E-mail　yungjiuh@ms45.hinet.net
網　址　www.foreverbooks.com.tw

法律顧問　方圓法律事務所　涂成樞律師

出 版 日◇二○二○年三月

國家圖書館出版品預行編目資料

小故事裡的智慧 / 楊子潔編著. -- 一版. -- 新北市：
大拓文化, 民109.03
面；　公分　（正面思考71）
ISBN 978-986-411-114-5(平裝)
1.修身 2.通俗作品

192.1　　108023404

目錄

::目錄

目錄

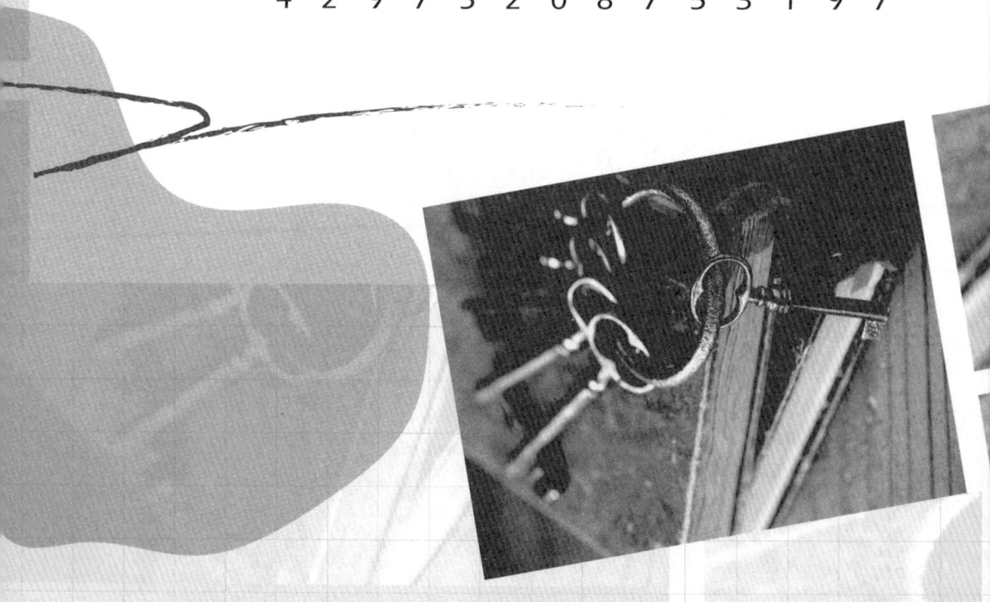

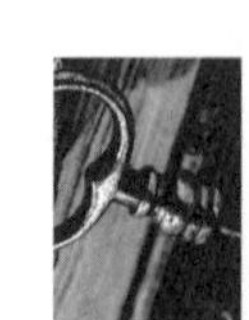

聲音是從哪裡發出來的

甲和乙很愛在一起爭論，他們常常為了一點小事情而爭得面紅耳赤。加上這兩個人都喜歡耍小聰明以及鑽牛角尖，所以誰也說服不了誰。

一天，甲問乙：「用銅鑄成鐘，用木頭做成棒捶來敲打銅鐘，鐘就會發出洪亮的聲音。你說這聲響是由木頭引起的呢，還是由銅引起的呢？」

乙想了想說：「這還用問嗎？當然是由銅引起的。」

甲說：「何以見得是銅引起的呢？」

乙說：「如果用木槌去敲打牆壁，就不會有這鏗鏘的聲響。但敲打銅鐘就會發出這洪亮的聲響，可見這聲響是由銅發出的。」

甲不同意乙的看法，他說：「我看不是銅引起的聲響。」

乙問道：「那你又憑什麼說不是銅引起的呢？」

甲說：「你看，如果用這木槌去敲堆積著的銅錢，就聽不到什麼聲響。這銅錢不也是銅嗎？它怎麼就不會發出聲響呢？」

乙反駁說：「那些銅錢堆積在一起，是實心的，當然沒有聲響。鐘是空心的，這聲音是從空心的器具中發出的。」

甲又不意乙的說法，甲說：「如果用泥土或木頭做成鐘，就不會發出聲音來。你還能說聲音是從空心的器具中發出來的嗎？」

甲和乙就這樣沒完沒了的爭個不休，到底聲音是從哪裡發出來的，他們終究也沒理出個頭緒來。

智慧與寓意

各種事物的屬性，都是由眾多因素來決定的，如果我們只抓住一個點，用單獨的片面角度看問題，或只進行簡單的類比，就只能導出錯誤甚至荒唐可笑的結論來。

老虎和刺蝟

從前，有一隻老虎，又笨又懶。有一天，牠肚子餓了，想到野外找點東西吃。找著，找著，牠看到在前面的草地上有一隻刺蝟朝天睡，圓乎乎略帶鮮紅色，以為是塊肉，便急急忙忙的走過去，正準備張口咬住牠，冷不防被刺蝟捲住了鼻子，老虎被這突如其來的襲擊嚇了一大跳，鼻子上的刺蝟越捲越緊，扔也扔不掉。牠又疼痛又害怕，嚇得拔腿快跑……

老虎跑著，跑著，一直跑到大山中，又睏又乏，實在是沒辦法再動彈了，便無可奈何的躺在地上，不知不覺中便昏昏沉沉的睡著了。受到驚嚇的刺蝟見老虎不動了，對自己沒有什麼威脅了，這才放開老虎的鼻子，迫不及待地逃走了。

老虎一覺醒來，忽然發現鼻子上的刺蝟不見了，也不再害怕了，用舌頭舔了幾下，覺得鼻子還在，很高興，也忘了肚子餓，便到半山腰的橡樹下面去玩。

老虎低頭走著、玩著。不知不覺間看見一個橡子的殼，圓溜溜的躺在地下，以為又是隻小刺蝟。牠心頭又是一陣驚嚇，不知不覺又有點害怕起來，害怕自己的鼻子又要被這隻「小刺蝟」捲著了，趕快側著身子，提心吊膽但又不得不很客氣的對橡子的殼說：「我剛才遇上了您的父親，您父親真厲害呀！他的本領我已經領教過了。現在我不和您小兄弟計較了，還希望您小兄弟讓讓路，放我走吧！」

智慧與寓意

一個人在受到驚嚇之後，往往會心有餘悸，感覺草木皆兵。實際上「不經一事，不長一智」，積極吸取過去的經驗教訓是有必要的，而「一朝被蛇咬，十年怕錦繩」就有些可笑了。

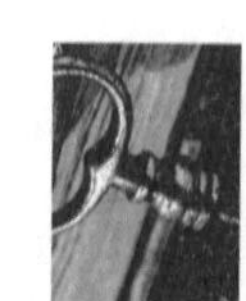

獅貓智鬥大鼠

明朝萬曆年間，皇宮中出現了一隻大老鼠，像貓一樣大，造成非常大的危害。宮廷為了除掉這隻大老鼠，派人到民間各處尋找最好的貓來制服牠，可是每次將最好的貓捉來放到皇宮裡，也都被大老鼠吃掉了。皇宮上下，真是一點辦法也沒有。

恰好外國使臣貢獻了一隻貓，叫「獅貓」。這「獅貓」長著一身白毛，連一根雜色毛也沒有，渾身上下一片雪白，就像一團雪一樣。

人們抱著牠丟進有大老鼠的那間屋子裡，把門窗都關上，躲在外面偷偷的觀看。只見獅貓蹲在屋子裡的地上一動也不動。過了好久，那隻惡老鼠探出洞口，先是猶豫不決、要出不出來的樣子，過了一會兒，才慢慢的從洞裡爬了出來。牠一發現獅貓，便大怒且惡狠狠的向貓撲過去。獅貓迅速的避開了牠，跳到桌子上和茶几上，大老鼠也跟著跳到桌子上和茶几上。獅貓再次避開牠，跳到地上。就這樣反反覆覆、跳上跳下約有一百多次。

大家在外面看著都以為這隻獅貓膽小害怕，是隻沒有能耐、無所作為的下等貓。

過了不多久，人們看見老鼠敏捷迅速的跳躍漸漸慢了下來，挺著的大肚子在那裡一起一伏，彷彿是喘息不已，匍匐在地上好像是要稍稍休息片刻似的。這時，只見獅貓飛快的從案几上跳下來，迅速的伸出兩隻利爪，狠狠的揪住老鼠頭頂上的毛，接著，一口咬住了老鼠的腦袋。

那隻大老鼠拚命掙扎，但獅貓卻狠狠的逮住牠不放。就這樣，獅貓與老鼠扭成一團，獅貓一陣「嗚嗚」的叫著，老鼠也不停地發出淒厲的「啾啾」聲。過了一會兒，老鼠淒厲的「啾啾」聲沒有了。大家急忙打開門一看，原來老鼠的腦袋早已被獅貓嚼碎了。

這時人們才明白，獅貓避開老鼠，並不是膽怯害怕，而是要消耗老鼠的體力，等待老鼠疲憊之時再向老鼠撲過去。當那隻老鼠奔過來牠就避開，老鼠跑開了牠又去挑釁，獅貓就是用這種智謀逮住老鼠的。

智慧與寓意

面對比較強大的對手，要取得對抗勝利，就要注重策略，不能只憑一時勇氣，不講求智謀，而採取莽撞的行動，否則，就會遭遇失敗。

兩個機智勇敢的牧童

從前，有兩個機智勇敢的牧童一起到山裡去，走啊，走啊，突然發現了一個狼窩。他們倆商量說：「狼是害人的動物，經常叼走村裡的豬和羊，我們應該想辦法把牠除掉。」

「可是僅憑我們倆，怎麼鬥得過凶殘的狼呢？」他們正在議論著，一眼瞥見大狼並不在，窩裡只有兩隻小狼，於是計上心來。兩個牧童一人抓了一隻小狼，然後各自爬上一棵樹，相距有數十步遠。

過了一會兒，大狼回來了。牠進到洞裡，發現小狼不見了，急得驚慌失措，嗥叫著四下裡尋找。這時，一個牧童在樹上使勁地擰小狼的耳朵，小狼疼痛難忍，大聲嚎叫起來。

大狼聽到小狼的叫聲，一抬頭，發現了牧童和被捉走的小狼，憤怒極了。牠狂奔過來，嚎叫著用一雙尖銳的爪子在樹幹上又爬又抓，想要把小狼救下來。可是樹太高，牠爬不上去，著急得要命。

這時候，另一個牧童又在另一棵樹上弄得小狼大叫。大狼停止了嚎叫，順著聲音望過去，看見了另一隻小狼。於是牠又捨棄了眼下的這隻，又焦急的快速向那棵樹奔去，一邊跑一邊嚎叫著，就像剛才一樣。

牠剛跑到那棵樹下爬抓了幾下，這棵樹上的小狼又叫了起來。於是，大狼再次回過頭向這棵樹跑來。就這樣，大狼不停的嚎叫，不停的來回奔跑，不知道到底該顧哪一頭好。

來回跑了十幾趟以後，大狼漸漸的越跑越慢了，嚎叫聲也越來越微弱了。又跑了一會兒，大狼終於氣息奄奄，僵直的倒在地上很長一段時間一動也不動。兩個牧童這才從樹上下來，去試探大狼的鼻息，原來牠已經斷了氣了。

智慧與寓意

打架不一定弱的輸，賽跑不一定快的贏。關鍵是誰更聰明，誰更有智慧。勝利總是屬於肯動腦筋、能想出好辦法的一方。

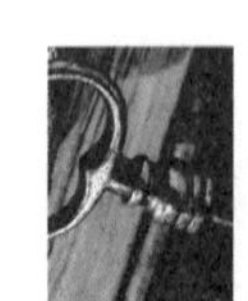

畫匠和藝術家

有兩個以繪畫為生的人。一個畫得很精細，人們說他的畫是「畫什麼像什麼」，但人們讚歎之餘，又總會說：「像是像，但現在有了照相機，何苦還費神去畫呢？而且，相機照下的比畫的還要真切些。」

這個繪畫的人很可憐，因為相機的普及，他失業了。

另一位繪畫的人畫得很簡略，有時簡略到幾筆成一幅。人們觀他的畫，知道畫的是什麼，但拿實物來比，卻很難說畫得像。像與不像，人們並不在乎，而且，也從沒有人想到用照片代替他的畫，因為他的畫所表現的東西，是實物中不存在的，只能靠觀畫者去領悟出來，相機自然更是表現不出。

他比前一位幸運得多，不僅沒有失業，而且因畫畫而獲得了優渥的生活。前一位只能叫畫匠，後一位才稱得上藝術家。

智慧與寓意

人生一世，也似作畫，有的人是「畫匠」，有的人是「藝術家」。從規矩走向自由，由形似而及神似，這是藝術成長的規律。一個藝術家如果只知道刻板的反映客觀現實，而不能有所選擇、有所創造，那麼，他的作品一定很乏味。

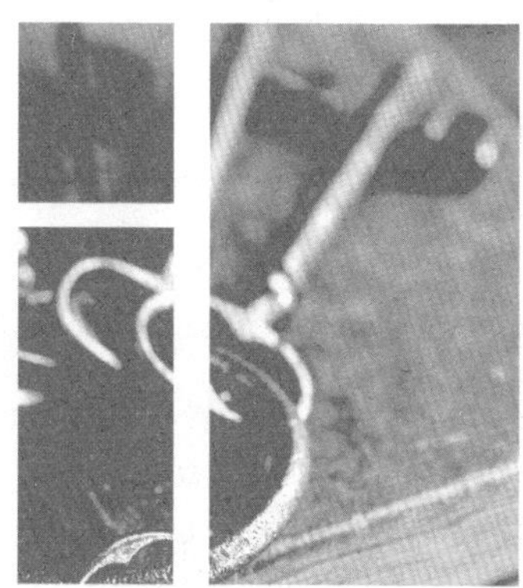

招徠顧客的方法

從前，有個人開了一家藥店，專賣治腳蘚的藥。他為了招徠顧客，便想了一個欺騙的方法，做了一塊橫匾招牌，上面寫著「供御」二字，意在向人炫耀自己的藥是供皇帝用的，因為這「御」字即是與帝王有關的稱謂。

他這一招還真靈，果然許多長腳蘚的人都來買他的藥。有一天，來了幾個讀書人，走到這藥店門口，看到這「供御」二字的橫匾，覺得很好奇，其中一人徑直走到櫃檯前問：「請問賣的什麼藥？」

那賣藥人回答道：「治腳蘚的藥。」

那讀書人回頭朝同來的幾個人笑著說：「這就奇怪了，皇帝從不自己走路，怎麼會長腳蘚，又怎麼會用他這治蘚的藥呢？」

幾個讀書人邊議論邊譏笑這個賣藥人的愚蠢把戲，走開了。結果這家藥店的騙人「廣告」被戳穿，那些有腳蘚的人也都不來買他的藥了。

過了些時候，皇上知道了賣藥人打著皇帝招牌行騙的事，便派人來傳喚他，並要對他加罪。他一把鼻涕一把淚地哭著說：「小的怎敢斗膽欺騙皇上呀！只不過是想借皇上的威光招引顧客罷了！」

皇上這次慈悲為懷，考慮到賣藥人只不過是為了謀生罷，於是並未治罪就把他放回去了。

賣藥人回家後，立刻把店門上掛的那個橫匾摘下來，在原有的「供御」之上，又增加了四個字：「曾經宣喚」，依然想藉此招徠顧客。

智慧與寓意

思維靈活的人，總是能夠千方百計的利用一切可以利用的資源，擴大自己的影響。必要的時候，他們還會靈活的耍些小手段。

聰明的馭手和商販

從前有個商販，在集市上賣馬，每匹馬要價五百塊錢。他吹噓自己是個養馬能手，他馴養的馬，跑起來四蹄騰空，快如閃電。無論跟什麼馬比賽，他的馬總是得勝。如果試下來不是這樣，他願意倒貼五百塊錢。

一個馭手經過這裡，聽了他的話，接口說：「你這馬真是太好了，我要買了下來。不過先得讓我試一試牠的腳力。」

「行，行！」商販連聲同意，馭手把馬牽走了。

待會兒，馭手又經過這兒，見到這人又在為他的另一匹馬吹噓，說的話跟剛才一模一樣。

馭手二話沒說，又牽走了第二匹馬。又過了一會兒，商販找到馭手，要他支付兩匹馬的價款。

馭手說：「我已經跟你結清了帳，一分錢也不欠你了。」

商販一聽，急得跳了起來，說：「第一匹馬是五百塊錢，第二匹馬也是五百塊錢，你一分錢也沒給我，怎麼說不欠我的錢呢？」

「有意思！」馭手撇撇嘴，說：「我讓你的兩匹馬比試一下，結果是一匹在前，一匹在後。在前面的，我應該付給你五百塊錢，在後面的，你應該倒貼我五百塊錢，這樣一來一去，我們的帳不是算清了嗎？我還欠你什麼錢呢？」

商販目瞪口呆，答不出一句話來。

智慧與寓意

在生活中，有很多可以利用的契機。思路靈活的人，能夠少花錢、甚至不花錢，辦好更多的事。

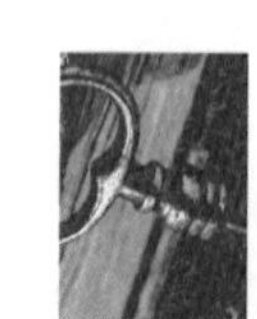

世間獨一無二的享受

從前有個農夫，家裡很窮，一年到頭從早到晚在田地裡忙忙碌碌的勞動，從來不曾出過遠門。他既不知道世上的富人過的是怎樣的生活，也從未見過本鄉以外的世界是個什麼樣子。

因為家裡十分貧窮，這個農夫經常穿著亂麻編織的衣服，艱難的熬過嚴寒的冬天。好不容易春天來了。冰雪融化了，太陽溫暖的照著大地，農夫也因此而像田地裡的禾苗一樣煥發了生機。

有一天，天氣格外晴朗，沒有一絲風。農夫在田地裡工作了半晌，覺得有些勞累，便坐在田埂上休息曬太陽。暖融融的陽光照在農夫身上，他感到一種說不出的溫暖和舒服，簡直像到了雲裡霧裡一樣，他覺得曬太陽取暖簡直是世間獨一無二的享受。他全然不知道世界上還有暖和的高樓大廈、華宅深院，也不知道有溫軟的絲棉袍子和貴重的狐皮大衣。

可憐的農夫回過頭對妻子說：「曬太陽的暖和，真是舒服極了，世上只怕還沒有什麼人知道這種好處。我們如果把曬太陽取暖的舒服享受獻給國君，一定會得到一筆重賞。你看怎麼樣？」

農夫的妻子覺得丈夫說得有道理，也同意去向國君敬獻曬太陽的辦法。於是夫妻倆拋下田間的農活回家，打算去獻計領賞。可惜的是，這夫妻二人不但沒有一件像樣的衣服，甚至連出門進城的路怎麼走都不知道。

智慧與寓意

越是愚昧的人越是覺得自己聰明，有些人被見識所局限，常常以為自己覺得了不起的事情，別人也都會認為了不起；而聰明的人都知道自己是傻子，他們在提出一項建議的時候，會反覆考慮，多方求證，以免貽笑大方。

像舊褲那樣的褲子

鄭縣一個姓卜的人，他有一個蠢妻子。這個蠢妻子常常做出一些教人哭笑不得的事。

有一次，這個姓卜的人要出門，覺得沒什麼像樣的衣服，於是對妻子說：「給我做條褲子，好嗎？」

妻子說：「可以。但是，你要做什麼樣的褲子呢？」

丈夫說：「就做跟原來那條舊褲一樣的吧！」

妻子按丈夫的吩咐，找出那條又舊又破又髒的褲子。她先是按舊褲子原來的那種布料花紋到集市上去買布。因為畢竟隔了幾年時間，她在集市上怎麼也找不到和舊褲的布料一模一樣的布。

這個愚妻非常焦急，她想：「如果找不到像舊褲那樣的布，我怎麼能做出像舊褲那樣的褲子來呢？」她四鄰八鄉逢人便問，到處去找做舊褲時用的那種布料。愚妻誠心「可嘉」，她花了不少時間，終於買到了她要找的那種布，布上的花紋跟舊褲的花紋一模一樣。

回家以後，她對著舊褲比劃著裁剪，把長的地方剪短，把寬的地方剪窄，就這樣，她依樣畫葫蘆，花了幾天時間，好不容易將新褲子縫起來了，她高興得手舞足蹈。可是，她仔細一想，又煩惱起來了。她發現新褲與舊褲還是不一樣。舊褲又髒又破，到處大窟小眼的，新褲哪裡像舊褲呢？這個愚妻拿起新褲看著，絞盡腦汁地想呀想呀，她終於想出一個好辦法。她把新褲放在地上揉呀、搓呀、捶呀、踩呀，累得筋疲力盡，終於把新褲弄得跟舊褲一樣又髒又破。

當她十分得意的將做好的「新褲」拿給丈夫看時，丈夫目瞪口呆，半晌說不出話來。最後，這個男人指著愚妻手上拿著的破褲子，吼道：「既然還是一條破褲子，那我不如就穿原來的，何必還要妳做新的呢！」

智慧與寓意

在生活中學習和借鑒歷史的經驗是非常必要的，但是不能不動腦筋，若不會根據具體情況靈活的進行修正，就會行不通，甚至鬧笑話。

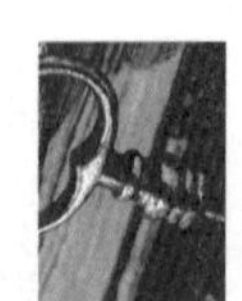

傑出木匠的比賽

在一個遠方的國家，有兩個非常傑出的木匠，他們的手藝都很好，難以分出高下。有一天，國王突發奇想：「到底哪一個才是最好的木匠呢？不如我來辦一次比賽，然後封勝者為『全國第一的木匠』。」

於是，國王把兩位木匠找來，為他們舉辦了一次比賽，限時三天，看誰刻的老鼠最逼真，誰就是全國第一的木匠，不但可以得到許多獎品，還可以得到冊封。

在那三天裡，兩個木匠都不眠不休的工作。到了第三天，他們把已雕好的老鼠獻給國王，國王把大臣全部找來，一起做本次比賽的評審。

第一位木匠刻的老鼠栩栩如生、纖毫畢現，甚至連鼠鬚也會抽動。

第二位木匠的老鼠則只有老鼠的神態，卻沒有老鼠的形貌，遠看勉強是一隻老鼠，近看則只有三分像。

勝負即分，國王和大臣一致認為第一個木匠獲勝。

但第二個木匠當庭抗議，他說：「大王的評審不公平。」

工匠說：「要決定一隻老鼠是不是像老鼠，應該由貓來決定，貓看老鼠的眼光比人還銳利呀！」

國王想想也有道理，就叫人到後宮帶幾隻貓來，讓貓來決定哪一隻老鼠比較逼真。沒有想到，貓一放下來，都不約而同撲向那隻看起來並不十分像的「老鼠」，啃咬、搶奪；而那隻栩栩如生的老鼠卻完全被冷落了。

事實擺在面前，國王只好把「全國第一」的稱號給了第二個木匠。

事後，國王把第二個木匠找來，問他：「你是用什麼方法讓貓也以為你刻的是老鼠呢？」

木匠說：「大王，其實很簡單，我只不過是用魚骨刻了隻老鼠罷了！貓在乎的根本不是像與不像，而是腥味呀！」

智慧與寓意

生活中處處充滿著競爭。人生的競賽往往是這樣，獲勝者往往不是技巧最好的，而是那些最肯動腦筋、想人之所想不到的人。

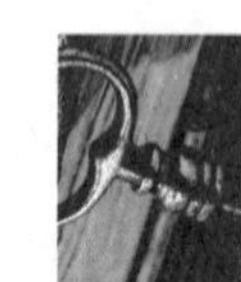

一把特製的竹柄油紙傘

從前，一個商人在外多年苦心經營，終於存下了大筆財富，準備告老還鄉，結束半生的漂泊辛苦，回家與妻兒團聚，置田購房，安度晚年。

當時時局動盪，路上常有劫匪，商人一身灰布衣衫，一雙布底鞋，扮作一個風餐露宿的行路人，商人把所有的錢買了玉器，有道是黃金有價玉無價，他特製一把竹柄油紙傘，將粗大的竹柄關節全部打通，把珠寶玉器全部放入，身藏萬貫傢俬，卻貌似貧寒之士，輕輕鬆鬆的上路了。

果然是好計謀！行路多日，無人打擾，這天中午就到了唐家寺，這天下著小雨，他來到了一個小麵館，煮了一碗麵，麵香噴噴的，吃飽之後，倦意湧了上來，外面又下著小雨，他不覺雙手撐腮，打了一個盹。

一陣清涼的風吹醒了商人，天已黑了，揉揉眼，猛然發現油紙傘已不見蹤跡，一陣冷汗冒了出來——這把傘可是他的身家性命。

但商人沉著冷靜，他不露聲色，仔細分析，他手裡的小包袱完好無損，並沒有人行竊的跡象，一定是有人只顧自己方便，順手牽羊取走了自己的雨傘。

沉吟片刻，商人有了主意。他叫來掌櫃的，說自己看中了這個小鎮，請幫忙租個房子。

商人說，自己身無他技，唯會修傘而已，於是在交通要道上租了個小房子。

他待人和氣，心靈手巧，很有人緣，人們都願意把傘給他修理，誰也不知道這個小小手藝人其實是腰纏萬貫的富商，誰也不知道他每天謙和的笑臉，掩藏著一顆緊張焦灼的心。他每天每時每刻都在等待那把油紙雨傘的出現，經過他的手的傘成千成萬，卻唯獨沒有他等待的那一把。

一天，他接了一把破舊的傘，主人漫不經心地說：「太費事就算了。不然，一把破傘值不了幾個錢，反倒要花不少錢去修。」

言者無意，聽者有心，自己的那把破傘怕舊的不能再修了，商人又想了一個好辦法。

第二天，過往的行人看到一條新鮮的廣告：「油紙雨傘以舊換新」。人人紛紛詢問，得到肯定答覆後，消息立時傳開了。不久，來了一個中年人，腋下夾著一把油紙傘，恰是商人心繫魂牽的那把傘。

商人仍不動聲色的收下破雨傘，犀利的眼光一掃，就知道傘柄封處完好無缺。他轉身在店裡挑了一把最好的雨傘交給了顧客，然後徐徐關了店門。

商人打開傘柄，看到了他的全部玉器，他癱坐在地上，半日無語。第二天，別人發現他很晚都沒開門。一問，已是人去屋空，他悄悄的來，又悄悄的走了。

智慧與寓意

在遇到不幸和處於逆境的時候，與其歎息和沮喪，不如沉著、冷靜的進行思考，充分發揮出預見力，積極採取補救或挽回的辦法。

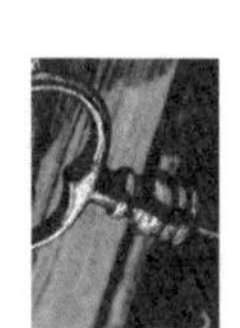

人云亦云的八哥

一群喜鵲在女兒山的樹上築了巢，在裡面養育了喜鵲寶寶。牠們天天尋找食物、撫育寶寶，過著辛勤的生活。在離牠們不遠的地方，住著許多八哥。這些八哥平時總愛學喜鵲們說話，沒事就愛亂起哄。

喜鵲的巢建在樹頂上的樹枝間，靠樹枝托著。風一吹，樹搖晃起來，巢便跟著一起搖來擺去。每當起風的時候，喜鵲總是一邊護著自己的小寶寶，一邊擔心的想：「風啊！請別再刮了，不然把巢吹到了地上，摔著了寶寶該怎麼辦啊，我們也就無家可歸了呀！」八哥們則不在樹上做窩，牠們生活在山洞裡，一點都不怕風。

有一次，一隻老虎從灌木叢中竄出來覓食。牠瞪大一雙眼睛，高聲吼叫起來。老虎真不愧是獸中之王，牠這一吼，直吼得山搖地動、風起雲湧、草木震顫。

喜鵲的巢被老虎這一吼，又隨著樹劇烈的搖動起來。喜鵲們害怕極了，卻又想不出辦法，就只好聚集在一起，站在樹上大聲嚷叫：「不得了了，不得了了，老虎來了，這可怎麼辦哪！不好了，不好了！……」

人云亦云的八哥

附近的八哥聽到喜鵲們叫得熱鬧，不禁又想學了，牠們從山洞裡鑽出來，不管三七二十一也扯開嗓子亂叫：「不好了，不好了，老虎來了！……」

這時候，一隻寒鴉經過，聽到一片吵鬧之聲，就過來看個究竟。牠好奇的問喜鵲說：「老虎是在地上行走的動物，而你們在天上飛，牠能把你們怎麼樣呢？你們為什麼要這麼大聲嚷叫？」

喜鵲回答：「老虎大聲吼叫引起了風，我們怕風會把我們的巢吹掉了。」

寒鴉又回頭去問八哥，八哥說：「我們、我們……」了幾聲，無以作答。

寒鴉笑了，說道：「喜鵲因為在樹上築巢，所以害怕風吹，畏懼老虎。可是你們住在山洞裡，跟老虎完全井水不犯河水，一點利害關係也沒有，為什麼也要跟著亂叫呢？」

智慧與寓意

在生活中，我們一定要學會獨立思考，自己拿主意，不要隨波逐流、人云亦云，盲目附和人家，也不管對不對，只會使自己變得可悲又可笑。

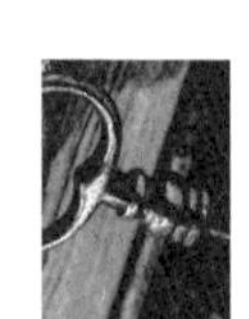

別讓手藝阻礙你的進步

一個木匠，造一手好門，他費了好多時日給自家造了一扇門，他想這門用料實在，做工精良，一定會經久耐用。

後來，門上的釘子銹了，掉下一塊板，木匠找出一個釘子補上，門又完好如初。後來又掉下一顆釘子，木匠就又換上一顆釘子；後來又一塊木板朽了，木匠就又找來一塊木板換上；後來門閂損了，木匠就又換了一扇門栓；再後來門軸壞了，木匠就又換了一扇門軸……於是若干年後，這個門雖經歷無數次破損，但經過木匠的精心修理，仍堅固耐用。木匠對此甚是自豪，多虧有了這門手藝，不然門壞了還不知如何是好。

忽然有一天，鄰居對他說：「你是木匠，你看看你們家的門。」木匠仔細一看，才發覺鄰居家的門一個個樣式新穎、質地優良，而自己家的門卻又老又破，長滿了補丁。

木匠很納悶，但又禁不住笑了，「是自己的這門手藝阻礙了自己家門的發展。」

於是，木匠一陣歎息：「學一門手藝很重要，但換一種思維更重要。行業上的造詣是一筆財富，但也是一扇門能關住自己。」

智慧與寓意

不要讓自己的優勢成為你思想進步的障礙，要學會及時更新你的思想，與時俱進，牢牢把握時代脈動，才不會成為落伍者。

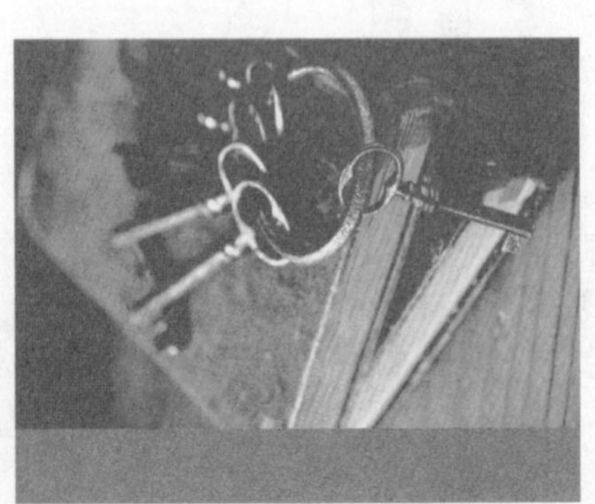

小孩子的見識

從前有座寺廟，老方丈為了香火更旺盛，特地從京城請來一位著名的王藝人，在正殿上塑起一座八米高的佛祖金像。

佛像塑好那天，舉寺歡慶。方丈問王藝人要多少工錢，王藝人傲慢的說：「今日佛像完工，你可見我工藝之高超。不如以三日為限，如果有人在這座大佛身上挑出一處缺失問題，我分文不取；沒有的話，請賞賜黃金百兩，作為工錢吧！」

方丈無奈，只好答應了，當晚便召集全寺僧人，宣告了王藝人的話，讓眾弟子去給佛像挑缺失問題。

第一天，眾僧侶紛紛去挑缺失，可看著看著，都不知不覺的誇獎起佛像雕塑得太好了。一天下來，沒有一個人能挑出任何缺失。方丈心裡一沉，親自去看了幾遍，竟也沒有找出任何缺失，不由暗暗佩服這王藝人的手藝。

可是百兩黃金畢竟不是個小數目，於是，老方丈又去請附近的村民一同來挑缺失。因為老方丈平時行善積德，人緣頗廣，第二天，果然來了不少村民。可是大家看了佛像都交口稱讚，別說有什麼缺失，連半點批評的話都沒有。

第三天到了，這時，老方丈已經不抱什麼希望了，只有拚命誦經拜佛，乞求菩薩庇佑。一天很快過去，轉眼夕陽西下，大廳裡只剩下一位抱著兒子的村婦。方丈閉上眼睛靜坐，也沒有去搭理那母子二人。母子倆在佛像前看來看去，母親不住的讚歎，兒子也傻乎乎的盯著大佛。

就在母親抱起兒子準備離去時，兒子突然趴在母親耳朵旁，說：「媽媽，這佛像有個問題。」

母親很驚訝的說：「你別瞎說，那麼多人都找不出問題，你能？」

母親的話讓一旁的方丈聽到了，他猛的睜開眼睛，看了看那小孩，只不過四、五歲模樣，牙都沒長齊。方丈半信半疑的站起來，上前兩步，問道：「孩子，你說說吧，這個佛像哪裡有問題？」

小孩子看了看方丈，又看了看他母親，說：「老方丈，那個大佛像的手指有問題。」

方丈給逗樂了，問道：「你倒說說看，手指有什麼問題？」

小孩說：「佛像的手指太粗了。」

他母親在一旁搖頭說：「手指粗也算問題？你這孩子真不懂事！」方丈也歎了口氣，準備離去。小孩子見兩個大人都不信他，大聲說道：「佛像的手指就是太粗了啊！它怎麼把手指伸進鼻孔挖鼻屎呢？挖耳屎也不行呀！」

方丈和小孩的母親都被他的話給說愣了。老方丈轉過頭，仔細看了看那尊佛像，發現手指確實比鼻孔大出好多！他喜出望外，說：「啊，這確實是個問題，還是個大問題呢！」

他一邊謝過母子二人，一邊對著佛像感嘆道：「這麼多大人都挑不出的問題，竟被一個小孩子給發現了。」

智慧與寓意

思維和創造不能脫離生活。只要在日常生活中留心，即使智力平平的人，也能夠有獨特的發現。

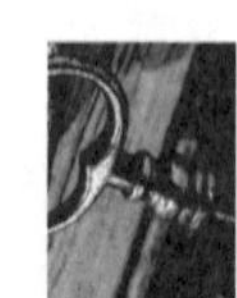

窮人和富人的官司

一天，有個窮苦的人騎著馬到外面去，中午時，他感到又饑又渴，於是，他就把馬拴在一棵樹上，然後坐下來吃飯。這個時候，一個有錢有勢的人來到這個地方，他把馬也拴在這棵樹上。

窮人見了，叫道：「請你不要把馬拴在那兒，我的馬沒有馴服，牠會把你的馬踢死的！」

但是那個富人卻說：「我想把馬拴在哪裡就拴在哪裡，你管不著。」

富人拴好馬，坐下來，也吃午飯。不一會，就聽到馬在嘶叫踢咬，兩人向馬奔去，但是遲了，富人的馬已被踢死了。

富人氣得暴跳如雷，大聲喝道：「你看，你的馬做了什麼好事了！賠我馬！」他把窮人拉去見法官。

法官聽了富人的控告，問窮人道：「你的馬真的踢死他的馬了嗎？」

隨便法官怎麼問，窮人總是什麼也不回答，法官又對窮人提出了許多問題，窮人還是一字不答，法官只好嘆道：「該怎麼辦呢？他是一個啞巴，不會說話。」

富人叫道：「啊！他跟我們一樣會講話的呀！」

法官驚訝道：「真的嗎？他說什麼啦？」

富人道：「當然是真的！他告訴過我：『請你不要把馬拴在那兒，我的馬還沒有馴服，牠會把你的馬踢死的！』」

法官聽了，說道：「哦！這樣說來你無理了，他事先已經警告過你，因此，他不該賠償你的馬。」

法官問窮人，為什麼不把理由說出來。

農民回答道：「因為我知道，你寧願相信有錢有勢的人萬語千言，也不願相信窮人的支字片語。同時，我想讓他自己告訴你事情的所有過程。你看，現在你不是已經弄清楚誰是誰非了嗎？」

智慧與寓意

在辯論的時候，讓對方先發言，自己再沉著地尋找關鍵的漏洞，給予致命一擊，就能取得決定性的勝利。

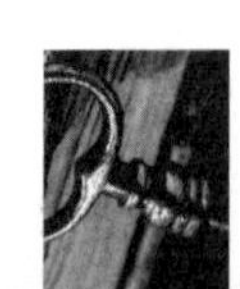

篤信神仙的粵人

粵地有個人，素來篤信神仙。他一天到晚朝思暮想的，就是早日修成正果，成仙升天，簡直到了癡迷的地步。

可是要想成仙，有什麼門道呢？粵人想不出好辦法，很是苦惱。他想：「成仙的人是很少，但我這樣誠心，老天怎麼還不選中我呢？」

踏破鐵鞋無覓處，得來全不費工夫。粵人偶然從一本書中得知，有一種仙草，名叫靈芝，長得像蘑菇，顏色美麗，吃了它就可以成仙。粵人高興極了，就天天不辭勞苦的上山去四處搜尋，希望能在那多得數不清的植物中發現靈芝仙草。

終於有一天，粵人照例上山尋找靈芝，翻山越嶺，疲憊不堪。他正坐在一塊大石頭上休息，忽然看到不遠處的一個爛樹樁上長著一個大蘑菇。這蘑菇有箱子那麼大，葉子有九層，顏色就像金子一樣光彩四射。

「這就是靈芝吧！沒想到真讓我得到了，看來我是和神仙有緣哪！」粵人忘了疲勞，三步併作兩步狂奔過去把蘑菇採了下來帶回家去。這蘑菇其實並不是什麼靈芝，只是山中常見的毒蘑菇，但粵人一心只想成仙，連這點常識都忘了。

回到家裡，粵人鄭重的對妻子說：「快來看，這就是人們所說的神奇的靈芝，吃了它就可以成仙。我聽說成仙一定要有緣分，老天是不肯隨便讓人成仙的。可是你看，這麼難得到的東西都讓我得到了，我一定是個有緣之人，很快就會成仙了！」於是粵人齋戒了三天，還天天沐浴焚香，徹底清潔自己，以示對神仙的虔誠。

三天之後，粵人恭恭敬敬的捧出蘑菇，將它煮熟。他興奮的想：「馬上要成仙了！」夾起一大塊蘑菇就往口裡送。這一吃可糟了，他馬上感到腹痛難忍，腸子好像要斷掉一樣。他倒在地上滾了幾滾，就氣絕而亡了。

粵人的兒子聽到這邊有動靜，急忙過來看看情況。他平時受粵人的影響很深，也是一心想做神仙、整天無所事事的做白日夢。這會兒，他見到父親死了，就對母親說：「我聽說成仙的人，一定要脫去人的形骸。人就是為形骸所累所以才成不了仙。現在，我的父親已經脫去他的形骸成仙了，這不是死。」說完，他便去吃那剩下的蘑菇，很快便走了父親的老路，中毒死了。

粵人家裡其他的人還是對成仙執迷不悟，不假思索的又去爭吃蘑菇，結果無一例外的全都被毒死了。

智慧與寓意

要想過上好日子，只有靠自己踏踏實實勞動才是一條靠得住的途徑。如果總是幻想上天賜給你好好運氣，利令智昏，想白白的獲得好處，就可能會付出慘重的代價。

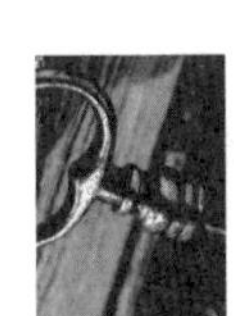

隨聲附和的盲人

從前有個盲人，因為自己看不見，總是擔心人家會笑話他，所以一舉一動一言一行總是力求和人家一致，以表示自己並沒有什麼不如別人的地方。

夏天暑熱，到了傍晚的時候，大家都愛到村頭的一棵大榕樹下面去乘涼，這個盲人也不例外。大夥兒坐在樹下面搖搖扇子、講講故事，倒也其樂融融。

這天黃昏的時候，盲人又來到樹下，和人們一起享受著樹蔭下的徐徐涼風，很是愜意。不遠處的一棵樹上，兩個孩子正在抓知了，人們便都饒有興趣的瞧著。只見後面的孩子伸出沾滿樹膠的木棍想去黏知了，剛伸過去，沒料到前面的孩子猛然一回頭，好像想說什麼，卻被弄了一鼻子一臉的樹膠，哭喪起臉，張開的嘴也忘了閉上，樣子滑稽極了。

看到這裡，大家不禁一起大笑起來，有的合不攏嘴，有的捂著肚子直不起腰來，有的連眼淚也笑了出來。

盲人正乘著涼，忽然聽到一陣笑聲，心裡納悶：他們笑什麼呢？不管，我也跟著笑吧。於是就不管三七二十一也大笑起來。

大伙見他也笑，非常奇怪，就問他說：「你看見什麼了，也在大笑？」盲人邊笑邊說：「你們所笑的，一定是好笑的事。」這下，大伙笑得更厲害了。

智慧與寓意

人的觀察能力有所不同，見解也可能有高低之分，但不管怎樣，都不能毫無主見、隨聲附和，企圖掩蓋自己的無知。

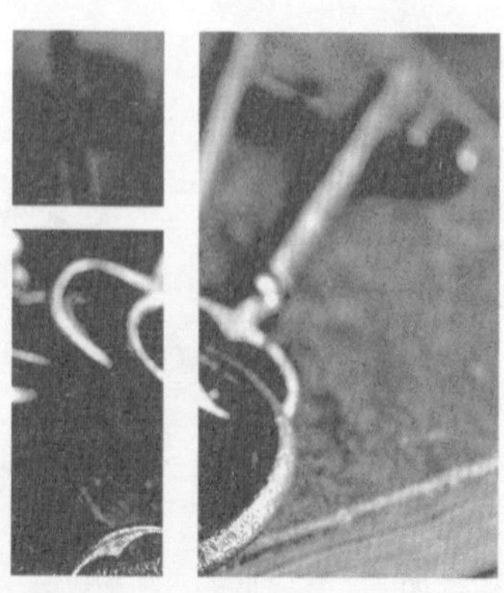

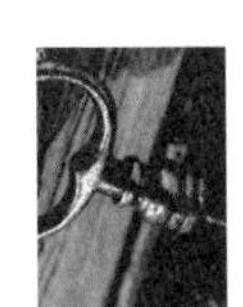

尋找珠寶的青年

從前，有一個很窮的村子，由於土地貧瘠，長不出什麼莊稼來，村民們都感到很苦惱，不知道該用什麼法子才能多賺些錢。

村邊有一條赤水河，環繞著村子流過。誰也不知道它的源頭在哪裡，它要流到哪裡去，也不知道它這樣流淌了多少年。村裡有個長著長長白鬍子的老頭，是村裡年歲最長的人。他常常講：「聽老一輩的人說，赤水河是當年嫦娥奔月時因不捨人間而流的淚水形成的，裡面還有她留下的一串項鏈。年深月久，項鏈散了，成了一粒粒閃著黑光價值連城的珠寶。誰要能撈到它，就會發大財。」

村裡有幾個水性好的青年，聽信了這話，就下定決心去赤水河找珠寶。這一天，張三、李四、王五約好了，一同來到赤水河，跳下去就摸了起來。

張三深吸了一口氣，東摸摸，西探探，忽然手觸到一樣硬東西。他心裡一陣高興，想：這一定就是珠寶了。他腳踩著水浮到水面上來一看，這東西圓圓的，閃著黑光。其實這只是一顆螺絲，可是他一心一意想著珠寶，根本就不往別的東西上去考慮。於是他狂喜的舉著螺絲往家跑，一路高喊：「我找到珠寶了！我找到珠寶了！」

李四和王五一個摸到了蚌殼，一個摸到了鵝卵石和碎瓦片，也和張三一樣，他們都認為自己得到的就是珠寶，興高采烈的拿回家去了。

村民們聞訊趕去觀看，大家都交口讚歎道：「總算撈到珠寶了，這下我們該發財了！」

其中只有一個叫象罔的人看出那不過是些不值錢的破爛，用袖子掩住口笑了。村民們見他笑，都憤怒極了：「象罔實在不知好歹，居然敢嘲笑我們想發財！」於是大家群起而攻之，把象罔趕出了村子。

智慧與寓意

一個人一旦財迷心竅、利欲熏心，就會喪失基本的判斷能力，聽不進正確的意見，採取愚蠢的行動。

害怕影子的人

有一個人突然得了疑心病似的，走在路上發現總有一個黑影跟著自己，再瞧瞧地上，自己每走一步，還留下一個腳印，於是他心裡十分惶恐。他走幾步就朝後看看，一串腳印一直連到他的腳下，一個黑影與腳印連在一起，他害怕極了，總想擺脫這個黑影和這些腳印。他緊走慢走，影子也緊跟慢跟，他怎麼也擺脫不了它們。

這個人走呀走呀，心煩意亂、誠惶誠恐。當他路過朋友家門口時，他實在累得很，便進到朋友家裡去歇會兒，喘息一下。待他進了朋友家門，發現影子不見，他才算長長噓了一口氣，說：「這下好了，這下好了。」

朋友見他這般模樣，很是奇怪，問他出了什麼事，他又不好意思開口說實話，便支吾著說：「沒什麼沒什麼，我只是走累了，想在你這裡坐會兒。」

跟朋友聊了會兒天，休息了好半天，又見影子、腳印都沒有了，這個人準備起身回家。於是他向朋友告辭，出門回家。當他一走在路上，發現影子、腳印又出現了，依然是一步不離的緊跟著自己。這下子他更加害怕了，他使勁的奔跑起來，企圖甩掉影子和腳印。可是他跑得越快影子也跟得越快，他跑的步子越多腳印也就越多。他想，可能是自己跑得不快才甩不掉影子的，於是他更加拚命的跑，一下也不敢停，甚至路過家門口時也不敢回去，他害怕把影子和腳印帶回家去……

智慧與寓意

有光亮就會有影子，只要走路就難免留下腳印。對於影子和腳印，沒必要產生恐懼，更沒必要千方百計擺脫它。生活中的很多恐懼，都是因為錯誤的認識和過分膽小而產生的。

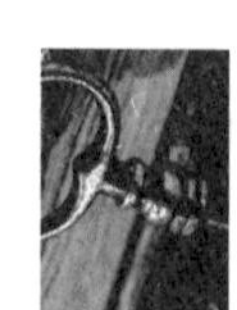

少見多怪的學者

有一位著名的學者，他喜歡四處遊歷，考察各地方的風土人情。有一回，他遇到一位來自四川的老先生。這位老先生告訴他說：「在我們四川的南部，天氣不好，一年四季都是陰雨綿綿，很少有放晴的時候。我們那裡的狗也習慣了這種陰雨天。偶爾，遇到太陽出來的時候，狗都以為是怪物掛在天上，驚恐萬狀，就仰天狂叫不已，景象十分有趣。」

這位學者不信，疑惑的說：「狗雖然是愚笨的動物，但也還不至於大驚小怪到這種地步吧！您是不是言過其實了呢？」

後來，過了些年，這位學者一路來到了溫暖的南方，在那裡住了下來。南方的冬天一點也不冷，下雪天更是非常罕見。這位學者趕得也巧，在他來到南方的第二年冬天，天氣變得反常起來，比以往的冬天寒冷得多。

寒冷的日子持續了一些時候，到最後竟然下起雪來，而且下得還很大。鵝毛大雪紛紛揚揚的下了好幾天，越過了南嶺，就像一床鋪天蓋地的大棉絮一樣，把南部地區的好幾個州都覆蓋了起來。

那些天，這幾個州的狗都非常惶恐，紛紛狂吠不休，到處胡亂的又跑又竄，沒有靜下來的時候。過了些日子，天氣晴了，雪也漸漸化了，大地又顯露了出來，這些狗才終於又恢復了平靜。

看到這種情況，這位學者才真正相信了幾年前那位老先生的話。

智慧與寓意

出太陽、下大雪雖然在四川和南方算是比較特殊的氣候現象，但群狗如此又叫又鬧、反應強烈，實在是少見多怪。

我們在生活和工作中，總會遇上一些不太常見的事，這時候就需要保持冷靜和理智的頭腦，做深入的分析和仔細的判斷，千萬不要少見多怪，做出一些過於激動的行為。

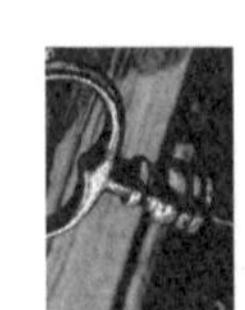

為什麼鍋裡的湯鹹不起來

很久很久以前，有一個笨人，他不管做什麼事情都不動腦筋、不假思索，常常做出一些糊塗事來惹人家笑話。

有一次，他在家裡熬一鍋菜湯。熬得差不多了，他想試試鹹淡合不合適，就用一把木勺舀了一勺湯出來嘗。這人喝了一點湯，咂了咂嘴巴，覺得似乎淡了一些，就隨手把裝著剩湯的木勺放到一邊，抓了一把鹽撒到鍋裡。這時，鍋裡的湯已經加上鹽了，而木勺裡的湯還是原來的湯，他也不重新舀上一勺，又拿起原來的那勺湯來嘗。嘗過以後，他奇怪的摸了摸腦袋，又皺了皺眉頭，自言自語的說：「咦，明明加過鹽了，這鍋湯為什麼還是這麼淡呢？」

於是這個人就又抓了一把鹽放進鍋裡，但他還是沒有覺察到自己究竟在哪裡出了差錯，仍舊還是去嘗勺裡的湯。勺裡的湯自然還是淡的，他就又以為鍋裡的湯鹽還是不夠，於是又往鍋裡拚命加鹽。

就這樣，木勺裡的湯始終沒有更換過，他也重複著嘗一口湯、往鍋裡加一把鹽的過程，也不停下來想一想是不是哪個環節出了問題。一滿罐的鹽經他這麼一折騰，已經見了底了，但他還搔著頭皮，百思不得其解的想：今天真是活見鬼了，為什麼鹽都快要加完了，鍋裡的湯卻還是鹹不起來呢？

智慧與寓意

事物總是在不斷發展變化的，我們若不能緊跟形勢，而是透過相對僵化的局部來判斷全局的情況，又怎麼能避免愚蠢可笑的錯誤呢？

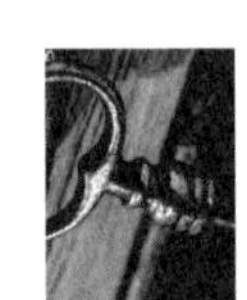

一車黑豆被倒進水裡之後

隋朝時有個人，他用大車拉了一車黑豆上京城去賣。這個人吃力地拉著車走啊走啊！到了灞頭，他一不小心絆了一跤。這下子可糟了，他身後的車也失去了平衡，翻倒在地。那滿滿一車黑豆也全部被倒進了水裡。

他從地上爬起來，看著水裡的黑豆開始煩惱了：這麼多黑豆，一個人要撈到什麼時候啊！想了一會兒，他決定回家去，叫家裡的人來幫他一塊兒撈豆子。於是他不再多加考慮，就撇下車和豆子走人了。

這人剛一走，灞頭上的人議論開了：「他這一去還不知什麼時候回來呢，這麼多黑豆讓水沖走了多可惜，不如我們拿回去吧！」於是大家一起動手，吵吵嚷嚷的撈豆子，不一會兒就全給撈走了，一顆也沒留下。

過了不久以後，那個運黑豆的人回到了翻車的地方。水裡有上千隻蝌蚪在追逐嬉戲。這人以為這就是他的豆子，想要下水去撈出來。剛一下去，蝌蚪知道有人來了，轉瞬間就全都游散了。這個人就覺得奇怪極了，呆呆的站了半天，怎麼也想不明白。

他歎著氣自言自語的說：「黑豆啊！黑豆，就算你不認識我了，離開我跑開了，我怎麼會也不認識你了呢？——怎麼你忽然間就多出了一條尾巴！」

智慧與寓意

在進行判斷和決策的時候，一定要注意嚴謹準確，千萬不要犯似是而非的錯誤，否則，就會遭遇挫折和失敗。

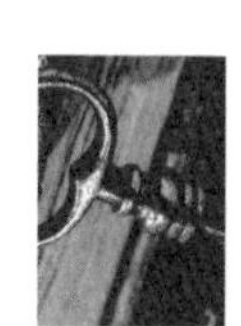

用矩尺去測量一下

凡是做車輪的師傅，手邊總離不了一個圓規，他習慣於用這樣一件工具去測量普天下的物件，到底是圓還是不圓。

他一邊測量，還要一邊對人解釋：「只要符合我這個圓規的標準，就可以稱作圓，如果不符合我這個圓規的標準，就應該視為不圓。所以，你如果想判斷任何一個物件是圓還是不圓，只要用我這個圓規去測量一下，就明白了。」

這是個什麼道理呢？原來，確定圓與不圓的標準和方法都十分明確，因此是不容置疑的。

而做房屋傢俱的木匠師傅，手邊也總離不開一把矩尺，他經常用這樣一件工具去測量普天下的物品，到底是方還是不方。他也是一邊測量，一邊對人說：「凡是符合我這把矩尺的標準的，就是方的；如果不符合我這把矩尺的標準，就是不方。所以，你要想知道一件東西是方還是不方，只要用我這把矩尺去測量一下，就清楚了。」

這又是什麼緣故呢？原來，判定方與不方的標準和方法早就確定，因此已無需爭議了。

智慧與寓意

判斷是非應當有一定的客觀標準，有了規矩，就可以定方圓。對世間的任何人或事，只要規定出明確的評價標準，其是非曲直就會一目瞭然，近而避免許多無意義的爭論。因此，最重要的是，我們要把握住客觀中正的標準。

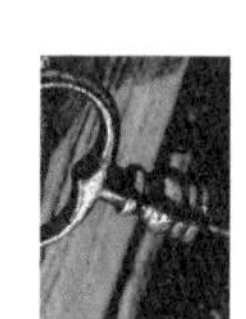

鴆鳥和毒蛇

鴆鳥和毒蛇都是帶有劇毒的動物。鴆鳥的羽毛泡在酒飯裡下毒，會致人於死；而毒蛇一口咬下去，牙裡的毒液也足以使人死亡。

有一次，鴆鳥和毒蛇相遇在一起，鴆鳥扑打著翅膀，準備把毒蛇啄起來吃掉。毒蛇急中生智，趕緊說：「喂，別吃我，別吃我！人們最厭惡的就是有毒的東西，你身上帶有劇毒，都是因為吃了我們毒蛇的緣故。我的毒是沒有辦法除去了，可是你還有機會，只要你不吃我，身上就不會再有毒了，人們就不會厭惡你了！」

鴆鳥冷笑了幾聲，開口說道：「你這條可惡的毒蛇，少在這裡花言巧語，我不會相信你的鬼話的！」

鴆鳥加了把勁，把爪下的毒蛇按得更緊了，接著說道：「你說得很對，我的確有毒，但是人們所厭惡的只是你，而並不是我。你的毒牙裡帶有劇毒，專門用毒牙去咬人，置人於死地。你是主動去害人，人們自然痛恨你。而我就不同了，我從不用毒去害人，就是偶爾有人用我的羽毛去做些圖謀不軌的事，也只是極少數心術不正的人所為，並不關我什麼事。我不但不害人，還是毒蛇的天敵，我幫助人們消滅你，所以我是人們的好朋友，人們餵養我來捕殺你。你才是真正的害人精，今天我絕不會放過你的！」

說完，鴆鳥就猛然啄了下去，把毒蛇吃掉了。

智慧與寓意

鴆鳥和毒蛇都是有毒的動物，後者死有餘辜，前者卻深得人們的喜愛，這是因為它們一個是用毒來害人，一個是為了幫助人才會有毒。

我們看待事物，不能僅從表面上去區別，而應該深入其本質，才能做出正確的判斷。

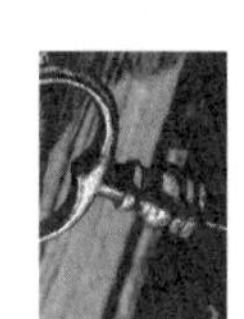

一塊稀有的寶玉

一天，有位從珠寶商人到一戶人家談生意時，看見案頭上壓著一塊半透明的石頭，就想用一塊小玉飾來交換，主人沒同意。後來又去談了幾次，主人故意把售價提得很高，而且還有附加條件，因而沒有成交。

這家的主人心裡想：這塊不怎麼起眼的石頭居然有人再三想收購，如果將它整修一新，豈不是會令人更喜愛？於是，就用砂紙把這塊半透明的石頭鄭重其事的打磨了一番，還鑽了孔，繫上了紅絲帶，顯得圓潤高貴。可是過了一年多，這塊已打磨光亮的玉石仍然沒有人問津，主人百思不解。

後來，那位珠寶商又來到這戶人家，看見這塊打磨過的石頭後非常惋惜地說：「這塊石頭其實是一塊很罕見的寶玉，原有十二個很小的孔，按十二時辰排列，每過一個時辰就會有一個孔變成紅色，依次消失，週而復始。因此，這塊玉石還是一種計算時間的天然儀器。可是，如今這玉石經打磨後，不僅份量減輕了，而且更重要的是能變色計時的小孔也被磨掉了，更使這塊玉石的價值大打折扣。原來至少可賣萬元以上，但現在就是一千元也沒幾個人想要了，因為這塊玉石現在不僅太平常了，而且經打磨後容易風化變脆，若干年後會逐漸破碎。」說完，這位識貨的商人轉身便走了。

智慧與寓意

判斷一件東西的價值，不要僅看外表和依據自己的主觀標準，不懂的地方要多向別人請教，千萬不可根據自己的主觀意識採取盲目的行動。

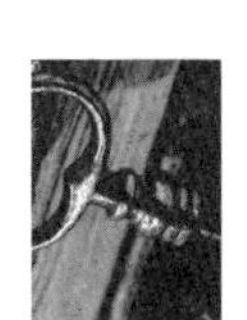

一對糊塗的夫妻

有一對夫婦，他們的心胸很狹窄，總愛為一點小事爭吵不休。有一天，妻子做了幾樣好菜，想到如果再來點酒助興就更好了。於是，她就拿瓢到酒缸裡去取酒。

妻子探頭朝缸裡一看，瞧見了酒中倒映著的自己的影子。她也沒細看，一見缸中有個女人，以為是丈夫對自己不忠，偷偷把女人帶回家來藏在缸裡，嫉妒和憤怒一下子沖昏了她的頭，她連想都沒想就大聲喊起來：「喂，你這個混蛋死鬼，竟然敢瞞著我偷偷把別人的女人藏在缸裡面。你快過來看看，看你還有什麼話說？」

丈夫聽了糊里糊塗的，不知道發生了什麼事情，趕緊跑過來往缸裡瞧，看見的是自己的影子。他一見是個男人，也不由分說的罵起來：「妳這個壞婆娘，明明是妳帶了別的男人回家，暗地裡把他藏在酒缸裡面，反而誣陷我，妳到底安的是什麼心眼！」

「好哇，你還有理！」妻子又探頭往缸裡看，見到的還是先前的那個女人，以為是丈夫故意戲弄她，不由勃然大怒，指著丈夫說：「你以為我是什麼人，是任憑你哄騙的嗎？你，你太對不起我了……」妻子越罵越氣，舉起手中的水瓢就向丈夫扔過去。

丈夫側身一閃躲開了，見妻子不僅無理取鬧還打自己，也不甘示弱，於是還了妻子一個耳光。這下可不得了，兩人打成一團，又扯又咬，簡直鬧得不可開交。

最後鬧到了官府，官老爺聽完夫妻二人的話，心裡頓時明白了大半，就吩咐手下把缸打破。一個侍衛掄起大錘，一錘下去，葡萄酒從被砸破的大洞汩汩流了出來。不一會兒，葡萄酒流光了，缸裡也就沒有人影了。

夫妻二人這才明白他們嫉妒的只不過是自己的影子而已，心中很是羞慚，於是就互相道歉，重新和好如初。

智慧與寓意

我們遇到懷疑的事、感到不愉快的事時，不要過早下結論，盲目採取行動，首先要客觀、理智的去分析，努力去瞭解真相。

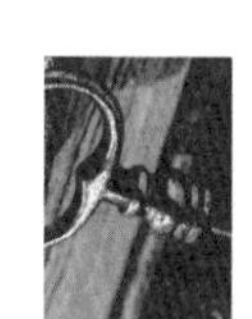

面對困難的襲擊

在海面行駛的一艘木板船上，有兩位水手、一位官員和四位農民。船上的汽油眼看就要用完了，此時，海上的天空一片火紅，一場罕見的颱風很快就要襲來了。就為此，船上的兩位水手發生了爭執。

一個主張往前面一個荒島駛去，等風停了再作打算。另一個說，雖然汽油不足以抵岸，但是畢竟是在海岸的附近，那有許多船隻來往，可以向他們求救，但去了荒島便是九死一生。

時間是寶貴的，相持不下之時，官員提議，讓民主來決定。兩位水手分別站在船的兩端。船上其他人自由選擇，誰那邊站的人多，就按照誰的方案進行。官員說完，就從船板上站起來，走到其中一位水手的身邊。

四位農民都覺得：既然官員都站在那邊了，往回駛大概是沒有錯的。接著四位農民也都站了起來，一起朝官員那邊走去。

兩位水手看見，隨即一起驚叫出聲，然而卻晚了。

由於船的一邊站了六個人，另一端卻只有水手一個人，船失去了平衡，船身嚴重傾斜，海水一下子灌了進來。船上所有的人都葬身於海底了。

智慧與寓意

事情往往這樣，有時真理並非掌握在多數人的手裡啊！當謬論掌握在多數人手裡的時候，將是件非常危險的事情，常會引發非常嚴重的後果。

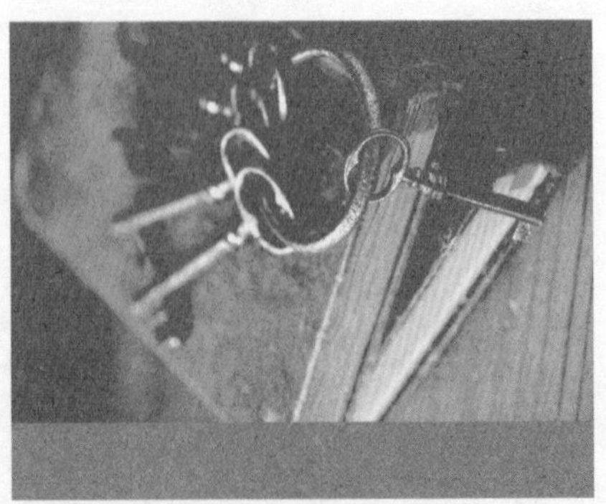

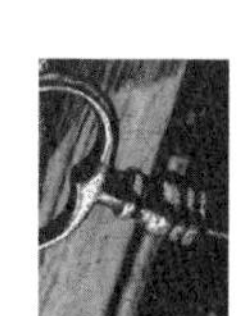

法官的依據

從前有個富商生性吝嗇，他兒子在外面欠了許多債，他不肯償還，兒子只好言明等父親死後再還。有一天兒子實在等不及了，就和債主商量要活埋父親。他們替富商沐浴更衣，硬把他放入棺材。

路過的法官聽到商人呼天喊地的聲音，便前來詢問。

富商在棺材裡聽見後，以為有救了，便喊道：「救命呀！大人！我兒子要活埋我！」

法官質問富商的兒子：「你怎麼能活埋你的父親呢？」

做兒子的答道：「大人，他在騙你，他真的死了！不信你問他們。」

法官轉身問周圍的人：「你們都能作證嗎？」

「我們作證。」眾債主回答。

於是法官對棺材裡的富商說道：「我怎麼能相信原告你一個人呢？難道這麼多人都說謊嗎？」說完，他一揮手宣判道：「埋吧！」

智慧與寓意

在做出重要決策的時候，採取少數服從多數的原則是要不得的。正確的做法是盡可能多去掌握事實。事實勝於雄辯。在進行分析和判斷的時候，要盡量以事實為依據，而不是有多少人持某種觀點。

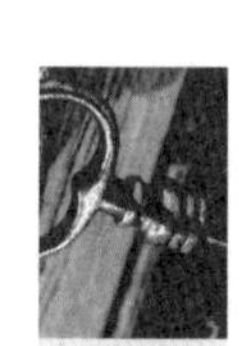

聽人家說的

張三有一天對李四說：「有戶人家的鴨子一次生一百個蛋。」

李四不相信，說：「哪有這樣的事？」

張三便說：「那麼是兩隻鴨子。」

李四說：「也不可能。」

張三又說：「三隻。」

李四還是不信，張三便一隻一隻的增加。最後李四厭煩了，說：「你為什麼不減少蛋的數目呢？」

張三說：「我聽來的消息是一百個蛋嘛！」李四便不理他了。

不料張三又開口說：「聽說上個月天上掉下一塊肉來，長三十丈，寬十丈。」

李四說：「哪有這樣的事？」

張三改口說：「那麼就是二十丈長。」

李四又說：「不可能。」

張三再說：「那麼是十丈。」

李四很生氣，罵他說：「天底下有長十丈的肉嗎？你看過沒？還有你剛才說的鴨子，你見過沒？」

張三很不好意思地回答說：「沒有，我是聽人家說的。」

智慧與寓意

一件事傳來傳去，到最後一定和原來的事實相差很遠。因為講的人不見得記得全，而聽的人又往往會聽錯；同時傳話的人或多或少都會加油添醋，多經過幾個人的口和耳，自然就變樣了。

我們在聽到一個消息之後，一定要經過證實才能採信，否則一再的錯下去，就變成散播謠言了。

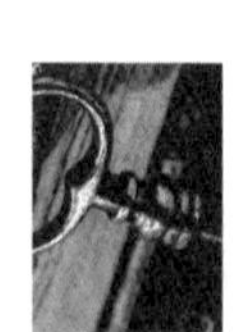

漁夫和兩隻魚鷹

一個漁夫，有兩隻魚鷹，在一條江裡捕魚。這條江的兩邊都是高山，還有一個山頭，在江的中心突出來，好像從江裡昂起了一個巨大的青魚頭，大家給它取了個名字，叫青魚嘴。

老一輩的人說，因為上游的江水，直對著它沖來，把山底下的泥土，全沖光了，山底下是空的，山腳邊也形成了一個很深很深的深水潭。江裡的大青魚，都躲在這個山底下的深水潭裡。

每天清晨，漁夫就把魚鷹放在船頭上，划起雙槳，撐船到青魚嘴下面的深水潭，唱起「嘎嗨嗨，嘎嗨嗨」的號子。魚鷹好像聽到了命令，就「撲通」、「撲通」的鑽進水裡去捉魚。漁夫又拿起長長的竹竿，在水面上啪啪的敲打著，跟在魚鷹的後面。

第一隻魚鷹鑽出水面來了。牠的名字叫「短尾巴」，嘴裡銜著一條很小的鯧魚，把頭昂得高高的，向漁船游來。漁夫高興極了，鯧魚雖然小，但這是一個好的開始，他趕快將長竹竿伸出去，把「短尾巴」拉上船，取下牠嘴上的鯧魚，放進船艙裡，並且親熱的拍拍「短尾巴」的頭，說：「真是我的好『短尾巴』，又是你第一個給提上魚來了。」

「短尾巴」聽了主人的話，閃動著兩隻圓圓的小眼睛，十分得意的搧著翅膀。牠連連點著頭，嘎嘎的叫著，好像在說：「下一次，我要給你捉一條大魚上來。」然後就站在船頭曬起太陽來。

這時，漁夫又拿起長竹竿，在水面上敲打著。「嘎嗨嗨，嘎嗨嗨」地唱著，他在等另一隻名叫「長腳」的魚鷹。過了好長時間，「長腳」才忽地一下鑽出水面，用牠堅實的嘴巴，緊緊夾住了一條足足有一斤多重的青魚，慢慢向漁船游過來，漁夫一看，忙把長竹竿伸向「長腳」，拉牠上船，取下嘴裡的青魚，更加親熱的拍拍牠的頭說：「捉吧，把更大的青魚捉上來吧。」

「長腳」並沒有像「短尾巴」那樣，高興得嘎嘎地歡叫，也沒有站到船頭上去曬太陽，只把翅膀拍了幾下，又鑽進水裡捕魚去了。

每一次第一個給漁夫提上魚來的，總是「短尾巴」魚鷹。那些小鯧魚，常在淺水裡游，不需要鑽得很深，就能捉到。「短尾巴」捉到小鯧魚後，就向主人嘎嘎叫上幾聲，好像在誇耀自己：「我又給你捉魚來了，我做得不錯吧！」漁夫很喜歡「短尾巴」，覺得牠能幹，所以捉好了魚，在給魚鷹餵食的時候，漁夫總要在「短尾巴」面前多丟上一條小鯧魚。

有一天，漁夫又帶著魚鷹出發了。到了青魚嘴的深水潭，漁夫又唱起了響亮的捕魚號子，用長竹竿在江面上敲打著。兩隻魚鷹同時鑽進水裡去捉魚。

第一個捉魚上來的，照例又是「短尾巴」，仍然是一條小小的鯧魚。漁夫當然很高興，因為這又是一個好的開始。

他又等待「長腳」把大青魚捉上來。但是，「長腳」上來時，嘴巴裡卻是空的，什麼也沒有。漁夫生氣了，揚起長竹竿，打了一個呼哨，警告說：「你偷懶，今天不給我捉一條大青魚上來，我就要你的命。」

「長腳」見主人生氣了，雖然很吃力，還是一聲不響的鑽進水裡去了。過了一會兒，「短尾巴」又捉了一條鯧條魚，得意洋洋的浮出水面，向著漁船游過來。漁夫趕快把牠從水裡拉到船上，取下牠嘴裡的魚。他正想向「短尾巴」說些什麼，見「長腳」也鑽出了水面，嘴上仍然什麼魚也沒有。漁夫更加生氣了，他拿起「短尾巴」剛剛提上來的那條魚，塞進了「短尾巴」的嘴裡，把剛剛跳上船來的「長腳」，一竹竿撥到水裡。

「長腳」魚鷹在水面上游著，十分委屈地盯著自己的主人，因為牠的肚子已經很餓很餓了，從早上到現在，都還沒吃過一條小魚，也沒一粒米進肚。這怎麼有力氣去捉魚呢？而且牠正在……不允許牠再想下去了，因為主人的長竹竿揚到了牠的頭上，催牠捉魚的號子，唱得更響。「長腳」魚鷹把嘴巴閉得緊緊的，兩腳一用力，又鑽進水裡去了。

「長腳」再一次空著嘴巴鑽出了水面。牠那一身羽毛，全沾在身上了，簡直不能在水面上浮游了。漁夫氣得像什麼似的，他拿起竹竿，把「長腳」魚鷹狠狠打了一頓。「長腳」魚鷹跌落在船艙裡，掙扎著動彈不得了。

又過了一會兒，水面上漂起了一層淡紅色的血。漁夫好生奇怪，他向深水裡一看，見水面下有一個黑影子，慢慢浮上來，江水也開始動盪起來。「短尾巴」嚇得不得了，趕快跳上漁船；漁夫也害怕起來，把船划到青魚嘴的山腳下，等那個黑影子完全浮出水面，才看清是一條大青魚的背脊，魚鰭像一張灰色的小帆，大青魚橫衝直撞的游過來，弄得江水發出嘩嘩的聲音，嚇得那些鯧魚躲進了水草裡，連在水裡捕魚吃的野鴨，也驚慌的叫著飛走了。

飛起的水浪，足足有幾尺高。水花濺到了漁夫的身上，把他的衣服也打濕了。「短尾巴」躲進了船艙裡。大青魚游呀，翻滾呀，不知過了多少時候，牠好像感到筋疲力盡，再也游不動了，才把速度慢下來。慢下來，最後翻了一個身，不動了。

大青魚死了，漁夫才把漁船划近大青魚身邊。他「啊」的一聲叫了起來，原來大青魚的眼睛被啄瞎了，眼睛旁邊和身上還有好些被啄過的洞。江水裡的血，就是從牠身上流出來的。

漁夫明白了，什麼都明白了。他的手開始發抖，眼眶也紅了，呆呆地看著大青魚，他快速的撲進船艙，把「長腳」魚鷹抱了起來，輕輕撫摸著牠的羽毛。

智慧與寓意

俗話說：「路遙知馬力，日久見人心。」畢竟是「人心隔肚皮」，真正的認識一個人、再正確的評價一個人實在是太難了。

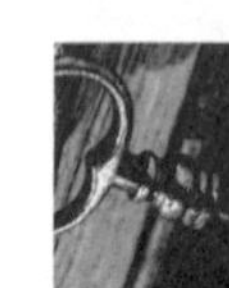

桑樹裡長出李樹的怪事

從前有一個人出門，帶了一些李子在路上吃。他一路走一路津津有味的嚼著李子，一會兒就吃完了，只剩下幾個李子核。他想該把李子核扔到哪裡去呢？這人一抬頭，見旁邊幾步路遠的地方有一棵桑樹，不知道什麼原因，樹幹上有一個大洞，裡面已經空了。於是他就把李子核順手扔進了樹洞裡。想了想，又弄來些泥土填進樹洞將李子核種上。他這樣做倒也不是為了種出李子來，只是一時好玩罷了，種完就走了，也沒有當一回事。日子一久，他也慢慢的把這件事給忘了。

再說那被種下的李子核，天下雨時便得到雨水的滋潤，在樹上棲息的鳥兒拉的糞便成了天然的肥料，時間久了，竟真的發出芽來，長成了一棵李樹。有人見到桑樹裡長出了李樹，覺得很神奇，就把這怪事告訴了周遭的人。

有個害眼病的人聽說了，認為這棵李樹可能是一棵神樹，就拄著枴杖探索著來到李樹下，向它許願說：「李樹啊，您如果能保佑我的眼疾消除，我就獻給您一頭小豬。」他一說完，就覺得眼睛疼得沒那麼厲害了。又過了些天，他的眼睛竟慢慢變好了。他高興極了，逢人就說：「桑樹裡長出的那棵李樹治好了我的眼睛，果真是一棵神樹啊！」然後又準備了小豬，叫人敲鑼打鼓的抬到李樹下去還願，附近的人都來看熱鬧，大家都知道了這棵李樹是神樹。

就這樣，「神樹」的事一傳十、十傳百，很快遠近的人就都知道了，而且越傳越神：「那棵李樹能讓盲人重見光明呢！」「那棵李樹可以醫好百病呢……」人們都帶著祭品慕名而來，祭拜這棵「神樹」，希望它保佑自己。

過了一年多，當年那個種李樹的人又經過這裡，聽說了「神樹」的事，又見到大家爭相祭拜它的盛況，就到樹邊去看個究竟。這一看不要緊，他不禁啞然失笑：「這棵樹是我一年前種下的呀，有什麼神奇的呢？」

智慧與寓意

迷信是最要不得的思想。當我們遇到奇異的現象時，不要盲從輕信，要以冷靜的頭腦仔細分析推測，做出科學的解釋。

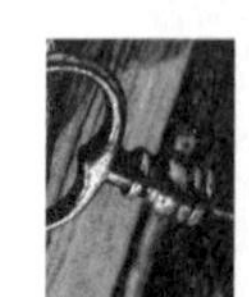

想幫助丈夫的妻子

有一個商人，做的是收購糖的買賣。每天向村民們收購完糖後，他總是在家將糖裝進籮筐或者麻袋裡，然後再運到鎮上或外地去賣掉。就在他集中或者分裝糖的時候，總是會不小心掉下一些糖，而他卻從來不在乎，覺得損失那點兒糖算不了什麼。

不過，商人的妻子卻是個有心人。她看到每次丈夫分裝完糖以後，地上都會灑些糖，覺得很可惜，就偷偷把那些糖重新收起來，裝進麻袋裡。不知不覺中居然攢了四大麻袋的糖。

後來，有一段時間蔗糖突然短缺，商人很長時間收不到糖，生意一時間沒辦法做了，幾乎蝕了本。妻子想起自己平時存下的糖，就拿了出來，化解了商人的燃眉之急，還小賺了一筆錢。

這件事一傳十、十傳百，很快就傳到了鎮上。鎮上有對夫妻開了一家文具店，妻子聽說這件事，先是感動，後來又覺得很受啟發，心裡也很想在關鍵時刻幫助丈夫。於是，她開始趁丈夫不注意時把報紙、記事本、日曆等貨物偷偷收藏起來，以備貨物緊缺時用。

過了大約兩年的時間，妻子覺得是到了給丈夫一個驚喜的時候了，就洋洋得意的叫丈夫到後房去看。丈夫不看還好，一看險些昏過去。那些妻子收藏起的東西不是過時了，就是發霉了，還有誰會要呢？

智慧與寓意

想賺大錢就要善於決斷和決策，僅僅有慾望和想法是不夠的，要學會聰明，懂得重長遠，趨大利，還要善於審時度勢。

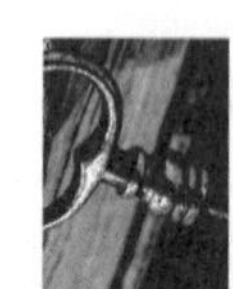

「鮑君神」廟的興衰

有一個人到野地裡去打柴，在經過一片沼澤地的時候，意外的得到了一隻麋鹿。他非常高興，但沒有立即把麋鹿帶回家去，而是找了棵樹，將麋鹿拴在那裡，打算忙完了工作再去牽麋鹿。

碰巧，有十多輛經商的車子從這片沼澤地經過。車上的人看見樹旁拴著一隻麋鹿，周圍一個人也沒有。於是，他們就走過去把麋鹿牽走了。沒走多遠，這些人覺得自己不勞而獲太不像話，就從車上拿了一條備在路上吃的乾鹹魚放在拴麋鹿的地方以作補償，然後心安理得的離開了這個地方。

過了半晌，打柴的人來取他拴著的那頭麋鹿，可是樹旁的麋鹿不見了，卻有一條大的乾鹹魚放在拴麋鹿的地方。

他覺得太奇怪了。看看四周，不見一個人影。這一片沼澤地中也沒有人走的道路，這乾鹹魚是從哪裡來的呢？就算是從附近湖塘中蹦出來的魚，那也應該是條鮮魚呀！憑空冒出一條乾鹹魚來，它不是神又是什麼呢？想到這裡，這人恭恭敬敬的抱起乾鹹魚回家去了。

回家後，打柴人把這事說給妻子和四鄰八舍的人聽了，他們都覺得很奇怪。很快，這件事便傳開了，而且被人們越說越神奇，竟然引來了許多前來祈福的人。他們到沼澤地裡的小樹邊求福消災，治病祛邪，有許多祈福的人竟然也靈驗了。這樣一來，人們對這乾鹹魚是神的傳說深信不疑。

大家湊錢為乾鹹魚建了一座祀廟，將乾鹹魚供奉在裡面，在廟裡設了多達幾十人的專職祝巫，並給乾鹹魚送了一個「鮑君神」的尊號。從此，「鮑君神」廟內神帳高掛，鐘鼓齊鳴，香火不斷。祈福的人絡繹不絕地從方圓幾百里內外赴來朝聖。

好幾年過去了，一天，一支經商的車隊路過這裡，當年放乾鹹魚的人也坐在車上。當他經過廟前的時候，看了這熱鬧的場面和廟門高懸的「鮑君神」匾額，感到十分奇怪，便下車向人打聽原因。

有人向他講了這座廟宇和「鮑君神」的來歷，他不禁大聲說道：「這是我的魚，是我幾年前親手拴在一棵樹上的，哪來的什麼鮑君神呢！」

他走進廟內，上前去將乾鹹魚取下，然後頭也不回的走了。廟裡的祝巫和那些祈福的人被弄得哭笑不得、十分尷尬。

從此以後，再也無人來朝拜這個廟，漸漸的，廟的四周長滿了野草。又過了一些時候，這座廟也倒塌了。

智慧與寓意

遇事除了自己觀察之外，還要多加思考，多聽聽別人的意見。不要被表面的現象或片面的事實所迷惑。

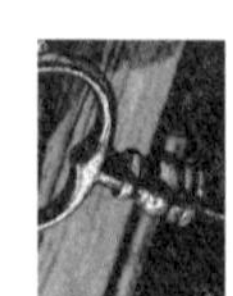

喜鵲築巢

喜鵲的巢築在高高的樹頂上，到了秋天，一刮起大風，窩巢便隨樹枝搖搖晃晃，簡直像要把整個窩巢翻下來一樣。每到這時，喜鵲和牠的孩子們總蜷縮在窩巢中，驚恐萬狀，害怕得連大氣都不敢喘。

有一種喜鵲就很聰明，在夏天還未到來的時候，牠就想到了秋天，牠預料到秋季肯定會經常颳大風，這可真是有遠見的喜鵲。為了保障住所未來的安全，牠果斷的決定立即搬家。

於是，牠不辭辛苦地尋找安全的處所，終於選中了一處粗大低矮的樹椏，這地方低矮踏實，上面有濃密的枝葉遮擋，大風也不可能撼動這個粗大穩固的矮樹椏。

然後，喜鵲又不厭其煩、不顧勞累的將原來的窩巢從高高的樹頂上搬下來，牠將那些搭窩的枝條、草葉，一根根、一片片搬到低矮粗大的樹椏上，築起了新居。新築的窩巢真的是舒適安全，大風再也不會侵犯到這低矮處的樹椏上了。

夏天到了，大樹濃密的樹蔭下真涼快，過往行人都不免要到樹蔭下歇涼。人們在樹蔭下一抬頭就看到了喜鵲的窩巢，再一伸手，就可以輕易的掏到窩巢中的小鵲或鵲蛋。人們覺得挺有趣的，於是窩巢裡的小鵲或鵲蛋經常被人掏走。小孩子們看到大人這樣做，他們也來掏小鵲和鵲蛋。儘管小孩子們個子矮勾不著鵲窩，可是他們想辦法找來竹竿，用竹竿挑鳥巢裡的小鵲和鵲蛋，還互相爭搶著。

可憐的喜鵲這下更是遭殃了，秋季還遠遠沒到，牠的住所就被破壞得不像樣子了。牠雖然考慮到了防備未來的災患，卻沒想到眼前的危險，結果還是沒能避過災難。

智慧與寓意

當我們在計劃未來的時候，千萬不要忘了當前的可能危險。如果不能做到眼下與將來兼顧，考慮問題或做事情欠周全的話，就會遇到障礙，遭受損失。

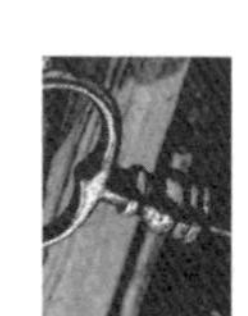

執行警戒任務的雁奴

雁奴是雁群中個頭最小、性情最機敏的一種雁。每天晚上群雁夜宿的時候，總有一隻雁奴徹夜不眠，在其周圍執行警戒任務。牠只要聽到一點人聲，便立刻嚎叫起來，緊接著群雁的驚叫聲便會連成一片，互相催促著匆忙飛走。雁群因為有雁奴的及時報警，所以使夜間捕雁的人經常一無所獲。

後來，鄉間的人們經過仔細觀察，逐漸掌握了群雁的夜間生活習性，並根據雁奴過於敏感的天性，設計了一個攪亂群雁生活規律的巧妙捕雁圈套。他們首先摸清了雁群在湖澤邊的棲息地，然後悄悄的在其周圍布下了大網，在網的旁邊挖掘了一些洞穴。等夜幕剛一降臨，鄉里的人們就帶著捆雁用的繩子到洞穴中躲藏起來，不聲不響的蜷縮在洞中過夜。

在天亮之前，他們把洞穴外面的柴草點燃，雁奴一見到火光，立即飛過去把火撲滅。群雁被雁奴發出的響聲驚醒了，但睜開眼一看，周圍沒有別的動靜，於是又安心的去睡覺。鄉里的人一連點了三次火，三次都被雁奴撲滅。

然而群雁被雁奴驚醒了三次之後都沒有遇到危難，所以都抱怨雁奴大驚小怪，輪番用嘴去啄牠、用翅膀去擊打牠。出完了氣，群雁又放心大膽的睡起覺來。過了一會兒，捕雁的人又點燃了火光。雁奴害怕眾雁再打牠、啄牠，就不敢再鳴叫了。

鄉里的人們見雁群寂然無聲，便迅速張開大網向群雁棲息的地方猛然撲去。網到之處，沒有一隻雁能夠倖免；整個雁群裡的雁，十隻大約有五隻被鄉里的人捉住了。

智慧與寓意

鄉里人根據事不過三的經驗，使群雁因懷疑同伴而遭到禍患。有時候，諸多的外界因素可能干擾我們的分析和判斷。在面對重要的問題決策時，只有經過認真仔細的調查研究，努力排除各種干擾，才能避免錯誤，採取正確的行動。

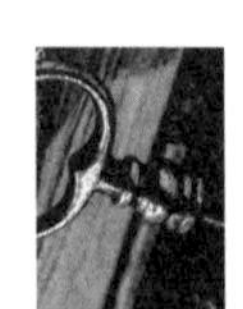

捕殺兔子的狼

一匹狼被洪水捲進了大海，牠抱著一根木頭漂到了一座小小的荒島上。這是一個兔子島，島上可以填飽狼肚子的只有兔子。

「這麼多兔子，多好啊！」狼垂著長長的饞涎自語，「我要把牠們通通製成臘兔，等太陽把海水曬乾後，帶回去慢慢享用。」於是他就不停的開始了捕殺兔子的工作。

兔子們非常恐慌，兔王冒著生命危險去跟狼談判。他們希望狼每天只吃一、兩隻體弱的兔子，這樣，兔子的數量不會減少，狼也永遠不會挨餓。狼堅信海水會被太陽曬乾，根本聽不進兔王的話，反而把兔王也變成了臘兔。

小島上很快就沒有了兔子的蹤跡，狼天天吃著臘兔，等著太陽把海水曬乾。過了兩年，狼儲備的臘兔全吃光了，但海水還是可怕地包圍著小島。不久，狼終於變成了小島上一堆閃著磷火的白骨。

智慧與寓意

錯誤的估計形勢，不顧長遠利益，只顧貪圖目前的享受，盲目的採取行動，最終會給自己帶來災難和悔恨。

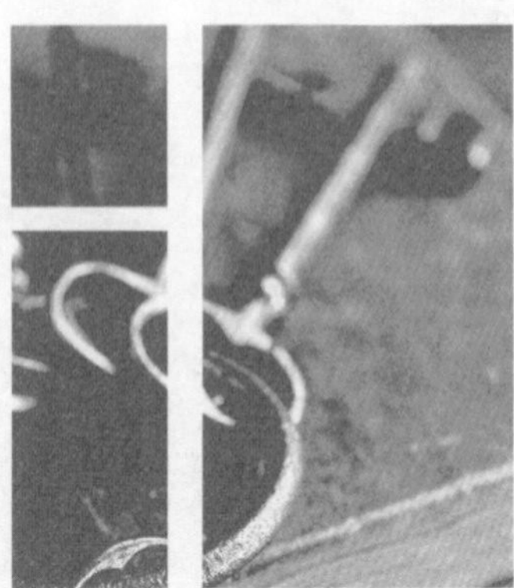

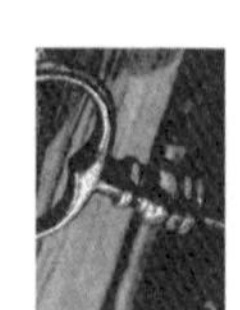

一個好吃懶做的人

從前，有一個好吃懶做的人，一天到晚除了吃飯就是睡覺，什麼事也不想做，卻總是異想天開，一會兒想著要吃這，一會兒又想著要吃那，就是不想費力氣。

一天，他躺在床上忽然想到：要是能吃上野兔子做的佳餚該有多好呀！

他曾聽人說鶻鳥可以捕捉野兔，於是他勤快了一次，起床出門到市場上去買鶻鳥。他在街上繞過來繞過去，因不知鶻鳥是什麼模樣。東挑西選竟把一隻鴨子買回家了，反正他還是不知道。

第二天，這個人把鴨子帶到野地裡，等著野兔跑來。等呀等，果然有野兔子跑過來了。這人立即將鴨子拋出去，讓鴨子去抓野兔。可是，這隻鴨子飛不起來，一拋出去牠就拍打著翅膀落在地上了。這人急了，又抓起鴨子再往上拋出去，鴨子又重重的掉落到地上。這個人煩死了，他接連三、四次把鴨子往上拋出去，鴨子始終是飛不起來。

這時，只見鴨子摔倒了又從地上站立起來，哀哀的對他說：「我只是隻鴨子呀！

你殺了我，吃我的肉，這是我應盡的本分。可是你要我去抓兔子，我哪能做得到呢？你為什麼偏偏要把這種痛苦強加到我的頭上來呢？」

這個人卻皺著眉頭說：「你怎麼會是隻鴨子呢？我一直以為你是隻飛得快、善於捕捉野兔的鶻烏呢？」

鴨子沒辦法，為了讓這個人相信自己的確是隻鴨子，牠伸出自己的腳蹼給他看，說：「你看我這連在一起的腳丫子，看我這笨手笨腳的樣子，是會捕捉野兔的鶻烏嗎？」

這個人無可奈何的看看鴨子，再看看四周，那隻野兔子早已不知跑到哪裡去了。這個人只好沮喪的返回家去。

智慧與寓意

在生活中，思路靈活、敢於嘗試是有必要的；但是，一定要從實際出發，尊重客觀規律。單憑自己的主觀願望和想像去行事，就容易遭受挫折。

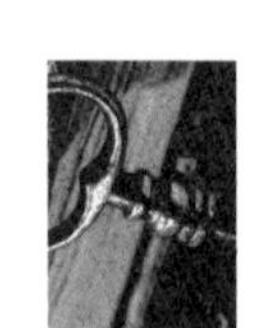

出外打獵的兄弟

哥兒倆出外打獵，看見遠處飛來一群大雁，兩人就張弓搭箭準備射雁。

哥哥說：「現在的雁肥，射下來煮來吃最好了。」

弟弟反對：「大鵝用煮的才好吃，大雁應該是用烤的比較好吃，又香又酥。」

「我說了算，就是煮來吃！」

「這事該聽我的，非烤不行！」

兩人爭執不下，一直吵到村裡的長輩面前。老人家給他們出了個主意：射下來的大雁，一半煮來吃，一半烤來吃。哥兒倆都同意了。等到他們再回去射雁的時候，那群大雁早已飛得無影無蹤了。

智慧與寓意

不論做什麼事，都要分清主次和先後順序。忽略必須採取的關鍵的步驟，只注重無休止的討論，滔滔不絕的空談，對於事業只有百害而無一利。

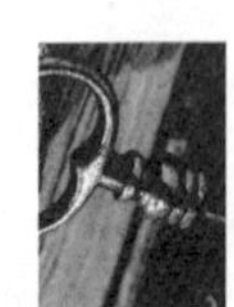

有先見之明的烏龜

一天，烏龜把所有的獸類、鳥類和魚類都叫來集合，對大家說：「朋友們，在我們的森林裡，出現了一種植物，我們應該馬上去毀掉它；不然的話，它會給我們帶來災難的。」

大家跟烏龜來到森林旁邊一看，果然有一片地，上面的樹被人砍光了，連樹根也挖乾淨了，並種上了苧麻。

「這就是我講的植物。」烏龜說。

動物們嘗了嘗苧麻的葉子，覺得比爛木頭還酸。但是大家都認為烏龜大驚小怪，所以連一棵苧麻也沒動，便轉身回去了。

當苧麻長成的時候，人來了。他們先把苧麻拔下來，剝了皮搓成許多繩子，然後又把一根繩子拴到弓的兩頭，用油棕樹的葉柄做成箭，向天空射去。

一隻鳥被射中了。

當鳥掉落到地上的時候，烏龜慢慢爬過去說：「假如你當初聽從我的建議，毀掉苧麻田，現在不就還可以自由自在地在天空飛翔嗎？」

人又把另一根繩子繫到油棕樹的葉柄上，並在繩子的另一頭綁上一隻釣魚鉤，然後丟進水裡。不一會兒，一條魚就被釣了上來。

烏龜馬上又爬到魚跟前說：「你看！假如當初你聽從我的話，把苧麻田毀掉，現在肯定還在河裡從容自如的游泳呢！」

人又用另一根繩子打了一個活結，放在森林裡的小溪邊。很快，一隻羚羊便被套住了。

烏龜又爬到羚羊面前說：「假如你當初按我的意見去做，將田裡的苧麻毀掉，你現在一定還能在森林裡的空地上蹦蹦跳跳的玩呢！」

智慧與寓意

人無遠慮，必有近憂。做出重要決策的時候，一定要站得高些，從長遠的角度考慮問題；如果只顧眼前，得過且過，必然後患無窮。

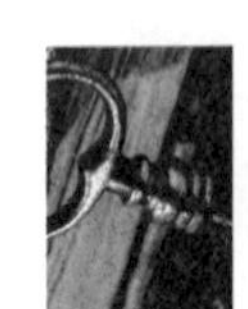

如何選擇才有利

一個年輕人非常羨慕一位富翁一生中在生意場上取得的成就，於是他跑到富翁那裡詢問他成功的訣竅。

當年輕人把來意對富翁講了以後，富翁什麼也沒有說，轉身到起居室拿來了一顆大西瓜。青年迷惑不解的看著，只見富翁把西瓜切成了大小不等的三塊。富翁把西瓜放在青年的面前說：「如果每塊西瓜代表一定程度的利益，你會如何選擇呢？」說完，就指著切好的西瓜讓青年隨手挑一塊。

青年眼睛盯著最大的那塊說：「當然是最大的那塊了。」

「那好，請用吧！」富翁笑了笑說，然後把最大的那塊西瓜遞給青年，自己卻吃起了最小的那塊。在青年還在享用最大的那一塊西瓜的時候，富翁已經吃完了最小的那塊。接著，富翁微笑著拿起剩下的一塊，還故意在青年眼前晃了晃，大口吃了起來。

其實，那塊最小的和最後一塊加起來要比最大的那一塊大得多。

青年明白了富翁的意思：雖然富翁吃的西瓜沒有自己的大，卻比自己吃得還要多。

智慧與寓意

從某種程度上來說，成功的人生是一連串正確抉擇的結果。在生活中的每個階段都盡量做出正確的抉擇，才能盡快的抵達人生的目標。

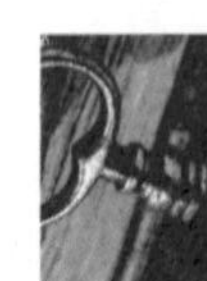

小和尚的醒悟

小和尚去河裡挑水時，沒注意，從水裡帶來一隻小蝌蚪。他正準備把這個拖著長尾巴的小蝌蚪放回到木桶裡，帶到河水裡去時，老方丈看到了，就走過來說：「放到玻璃瓶裡養幾天吧，看看牠有什麼變化，然後再把牠放到河裡去也不遲。」

小和尚就把小蝌蚪暫時養起來了，有時候餵牠些食物或者把玻璃瓶從房間裡捧到陽光下曬曬，對小蝌蚪非常愛惜。每隔三、五天老方丈還過來看看小蝌蚪的生長情況。大概過了半個月，小蝌蚪的長尾巴明顯的短了許多，後腹部還長出了兩隻小腿兒；又過了十多天，小蝌蚪的尾巴更短了。嘴巴下邊也長出了兩隻小腿兒。老方丈看看快長成青蛙的小蝌蚪，又看看勤勉飼養牠的小和尚，默然不語。

不知又過了幾天，小蝌蚪的尾巴徹底消失不見了，終於變成了一隻綠色的小青蛙。老方丈捧著玻璃瓶看了又看，然後對小和尚說：「你可以放牠回歸大自然了，牠終於由原來的蝌蚪變成青蛙了，阿彌陀佛。」

小和尚又去挑水時，就把小青蛙給放了，回來的路上，他遇到了老方丈從山上下來，居然背著一捆樹枝。他非常困惑的對老方丈說：「您這麼大歲數了，為什麼還要親自上山砍柴呢？」

老方丈笑笑說：「我不是去砍柴，我是去為小樹們超度剪枝，樹木不像蝌蚪，它們的『尾巴』不會自行消失的，必須讓人動手砍去才行。」

直到這時，小和尚才幡然醒悟，一下子拋卻了許多煩惱和憂患，道行猛然長進了許多。

智慧與寓意

蝌蚪不收尾巴，成不了青蛙；苗木不砍枝，成不了大樹；人生不及時取捨和抉擇，就難以完成出類拔萃的功業。放棄是一種智慧，放棄是一種豪氣，放棄是真正意義的瀟灑，放棄是更深層面的進取。

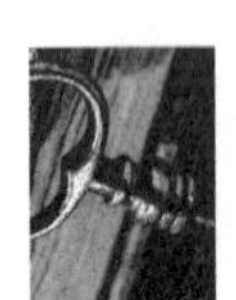

不自量力的龜

一天，龜與兔相遇於草原上，龜在誇大牠的恆心，說兔子不能吃苦，只管跳躍尋樂，長此以往，將來必無好結果，兔子笑而不辯。

「多辯無益，」兔子說，「我們來賽跑，好不好？就請狐狸大哥當裁判。」

「好。」龜不自量的說。

於是，龜動身了，四隻腳作八隻腳跑了一刻鐘，只有三丈餘，兔子不耐煩了，而有點懊悔。「這樣的跑法，豈不是要跑到黃昏嗎？我一天寶貴的光陰，全都犧牲了。」

於是，兔子利用這些光陰，去吃野草，隨興所至，極其快樂。

龜卻在說：「我會吃苦，我有恆心，總會跑到。」

到了午後，龜已精疲力竭了，走到陰涼之地，很想打盹一下，養養精神，但是一想到晝寢是不道德，又奮勉前進。龜背既重，龜首又小，五尺以外的平地，便看不見。牠有點眼花繚亂了。

這時的兔子，因為能隨興所至，越跑越有趣，越有趣就越有精神，已經趕到離路半里許的河邊樹下。看見風景清幽，也就順便打盹。醒後精神百倍，卻把賽跑之事完全丟在腦後。在這正愁無事可做之時，看見前面一隻松鼠跑過，誤以為是怪物，一定要去追上牠，看看牠尾巴到底有多大，可以回來告訴牠的母親。

於是牠便邁開大步的追，松鼠見牠追來，便大步的跑。奔來跑去，忽然松鼠跳上一棵大樹。兔子正在樹下翹首高望之時，忽然聽見背後大聲喊道：「兔弟弟，你奪得冠軍了！」

兔子回頭一看，原來是裁判狐狸大哥，而那棵樹，也就是牠們賽跑的終點。那隻龜呢，因為牠想吃苦，還在半里外匍匐而行。

智慧與寓意

做龜的不應與兔賽跑。只有恆心是不夠的。世上的愚人，之所以常常受苦吃虧，就是因為有「不適當的恆心」。一個人最先要捨棄的是執著心，這不是讓你不思進取，虛度時光，而是讓你量力而行，保持心態的平和。

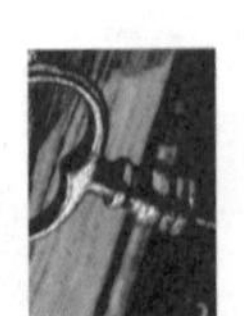

捕捉黃鱔的籠子

捕捉黃鱔的人專用的竹籠子十分巧妙，做起來也不費事，卻實用得很。一束細篾編織成拳頭粗細的籠子，籠子尾部是進口處，一圈輕而薄的篾瓣朝裡形成一個漩渦狀茬口。

黃鱔被籠裡的誘餌吸引了，就從那篾縫裡鑽進去，但是牠在籠子裡面無法轉身，於是被收籠子的人提起來，沒有一條能夠逃脫。

其實這籠子什麼機關也沒有，只有進口處那一圈篾瓣。它是利用了黃鱔的尾部特別敏感，只要一觸到硬物整個身體就向前游動這一特性，斷了黃鱔的後路。假使黃鱔敢於朝後退一步，那麼就沒有哪一條黃鱔會被關進籠子而束手待斃。

智慧與寓意

當初黃鱔是怎麼進來的呢？當然是頂著篾瓣鑽進來的，因為那時誘餌在前，就什麼也顧不上了，硬著頭皮往前鑽。等到後退的時候，篾瓣的尖梢一根根扎在尾上，牠不知道後面那堅硬的是什麼東西，退下去會有什麼結果，所以一觸即縮，怎麼也鼓不起勇氣朝後退，就只好在籠裡一直待下去。

在生活中，很多人常常置身險境而不肯後退一步。只知道前進，不知道適時後退和抽身的人常常會給自己帶來無法挽回的錯誤。

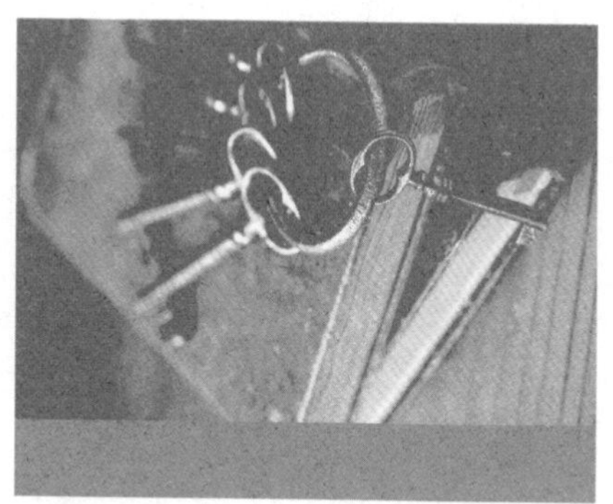

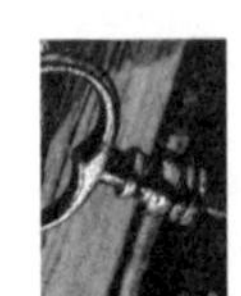

不登對的夫妻

很久很久以前，玉池國有一對夫婦很不登對。

丈夫五短身材，塌鼻梁，朝天鼻孔，嘴巴大得嚇人，眼睛卻小得看不見，真是奇醜無比。而妻子卻正相反，柳葉眉、杏仁眼，瑤鼻櫻口，身段苗條，可謂是天生麗質、婀娜多姿。但她也有一樣不盡如人意的的方，那就是鼻道不通，失去了嗅覺，聞不到氣味，就連香與臭都辨別不出來。

妻子嫌丈夫實在生得太醜，滿腹哀怨，自歎倒霉，一點都不願意見到丈夫，更別提和他一起相親相愛過日子了。

所以她雖說過了門，卻沒和丈夫待上幾天，就跑回娘家去，常年待在那裡，怎麼也不願回去和丈夫相聚。

丈夫自然是對這位美貌的妻子喜歡得不得了，見妻子不願意和自己在一起，苦惱極了，只恨自己天生一副醜模樣。究竟要用什麼辦法才能討得妻子的歡心，好把她從娘家接回來，不再跑回去呢？丈夫天天思前想後，簡直絞盡了腦汁。

一次，丈夫到市場上去買東西，人很多，川流不息，叫賣聲、討價還價聲響成一片。忽然，一種氣味穿透嘈雜直透丈夫的鼻孔。

「啊，真香啊！」他不由得用力吸了幾口氣。循香味過去一看，原來是一個西域來的商人正在出售一種名貴的西域熏香，價格高昂得嚇人。

丈夫心裡盤算著：「價錢是貴了些，不過也還算是物有所值。買一些回去，把妻子接回來讓她聞聞，她肯定會高興的，就不會再走了。只要能討得妻子的歡心，花多少錢都值得啊！」丈夫這麼的想著，好像就看見嬌妻站在眼前微笑，毫不猶豫的買下了熏香。

丈夫一回到家裡，就忙不迭的取出熏香點上。不久，屋裡果然瀰漫了一股芬芳的異香，讓人聞了頓覺神清氣爽、精神抖擻。丈夫想這真是太完美了，便高高興興的收拾東西上岳父家接妻子去了。

智慧與寓意

可憐的丈夫只怕這次又要失敗，他忘了妻子的鼻子根本嗅不到香味，是沒有辦法感受到他的心意的。

在分析問題的時候，一定要思考周全，不能僅憑自己的主觀意識去採取行動，否則，就很難抓住關鍵點，取得良好的效果。

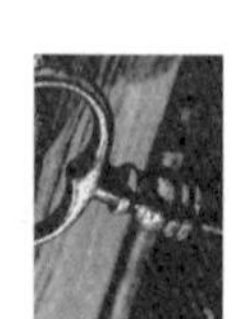

不堪鼠患的男子

從前，有個男子獨自一個人過活。他用蘆葦和茅草蓋起了小屋住在裡面，又開墾了一小塊荒地，用自己的雙手種了些莊稼，打下糧食來養活自己。時間久了以後，豆子、稻穀、鹽和奶酪等東西都可以自給自足了，不需依賴任何人。他每天下地耕作，閒的時候就出去走走，過得倒也逍遙自在。

但有一件事卻令他十分煩惱，那就是老鼠成災。也不知道是從哪裡來的一幫老鼠，日子不長便成倍成倍的增長。白天，牠們成群結隊的在屋裡跑來跑去的吱吱亂叫，打壞了不少東西。

到了夜裡，老鼠鬧得更兇了，牠們鑽進食櫥、跳上桌子、跑進箱子裡，見東西就咬，咬破了好些衣服和器具，偷吃了東西就算了，還把吃不完的拖回洞裡去慢慢享用。這「卡嚓卡嚓」的一鬧常常就是一整夜，吵得這個男子覺也睡不好，白天下田都沒有精神。他想了好多辦法來治鼠，不管是用藥啦，裝捕獸夾啦，都試遍了，但就是沒有一個特別有效的法子。這位男子對老鼠越來越煩，火氣也越來越大，苦惱極了。

有一天，這個男子喝醉了酒，睏得要命。他踉踉蹌蹌的回家來，打算好好睡上一覺。可是他的頭剛剛沾上枕頭，就聽見老鼠「吱吱」的叫聲。他實在太睏了，不想和老鼠計較，就用被子包上頭，翻個身繼續睡。但老鼠卻不肯輕易罷休，竟鑽進被子裡張嘴啃起來。他再也忍耐不下去了，一股怒氣直衝頭頂。

藉著酒勁，他翻身下床，取了火把四處燒老鼠，房子原本就是茅草蓋的，一點就著，火勢迅速蔓延開來。老鼠被燒得四處奔跑。火越燒越大，老鼠終於全給燒死了，可屋子也同時被燒燬了。

第二天，這男子酒醒後，才發現什麼都沒有了。他茫茫然無家可歸，後悔也來不及了。

智慧與寓意

遇到問題一定要冷靜分析，盡量想出相對周全的辦法去解決。千萬不能憑一時的衝動盲目採取行動，否則就會做出令自己後悔不已的蠢事。

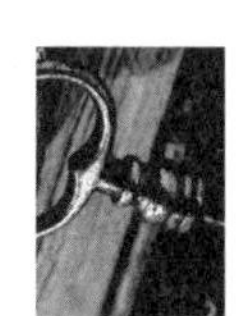

醫術差的醫生

有一位醫生，他的醫術很差，從來沒有真正治癒過一個病人。他的朋友指責他：

「難道你不知道怎樣治病嗎？」

「你錯了，我的朋友，我對病人向來負責，每次病人來時，我總是熱情的招呼他們坐下，詢問他們患病的情況，按照書上所說的那樣，仔細的進行檢查，然後再遵照醫書給他們治病。」

「那麼，你怎麼從來沒有治好過一個病人呢？」朋友問道。

「這就不能怪我了，我按照書本來治病，但他們從來不按照書本生病！」

智慧與寓意

生活是複雜的，企圖照本宣科、生搬硬套的運用死板的理論解決問題，怎能不失敗呢？

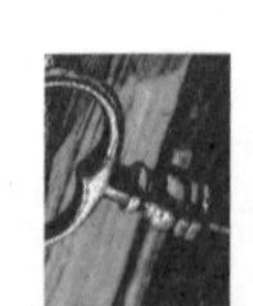

對付魚鷹的好辦法

有一個人的家裡有一片魚塘，他每年都要靠這片魚塘賺些錢，來養活自己和家人。可是魚塘附近有好多魚鷹，常常一群群的來抓魚吃，趕也不好趕，抓又抓不住，養魚人為此很是發愁。

有一天，魚鷹又來吃魚，養魚人跑過去對牠們揮揮手，魚鷹便受驚跑了。

養魚人忽然靈機一動，想出了一個好辦法。他紮了一個稻草人，讓它伸開兩臂，穿著蓑衣，戴著斗笠，還拿了一根竹竿，就像一個養魚人的樣子。養魚人把稻草人插在魚塘裡嚇唬魚鷹。起初，魚鷹以為是真人，因此很害怕，只敢在稻草人的上空盤旋，一點都不敢接近它。

這樣過了幾天，魚鷹果然沒再來吃魚。可是漸漸的，牠們見魚塘裡的人總是一動也不動，就起了疑心，不斷地大著膽子飛下來看。這樣一來，牠們很快就發現這是個假人，就又飛下來啄魚吃了。魚鷹吃了一條條的魚，肚子吃飽了，就站在草人的斗笠上，邊曬太陽邊休息，很是悠閒，還不停的發出「假假、假假」的叫聲，好像是在嘲笑養魚人說：「假的，假的，這個人是假的啊！」

養魚人生氣極了，他狠狠的盯著得意洋洋的魚鷹，良久，他忽然心生一計。趁著魚鷹不在的時候，養魚人悄悄把稻草人從魚塘裡拔出來拿走了，自己披上蓑衣，戴上斗笠，手裡拿根竹竿，像稻草人一樣伸開雙臂站在魚塘裡面。

過了一會兒，魚鷹又來了，牠們以為魚塘裡還是原先的假人，就又放心大膽的下來吃魚。吃得飽飽的，魚鷹又飛到養魚人的斗笠上休息，「假假、假假」的叫喚著。養魚人趁著牠不注意，一伸手就抓住了魚鷹的爪子。魚鷹使勁的鼓動著翅膀，但怎麼也掙脫不開。養魚人笑呵呵的說：「原先是假的，但是這一回是真的啊！」

智慧與寓意

「辦法總比難題多。」思路靈活的人，總能夠找到問題的薄弱環節，採取有效措施，一舉徹底解決問題。

為了避免踩壞田地

從前有一個農夫，看見別人的麥苗長得非常茂盛，就問麥田主人說：「你究竟是如何把麥子種得這麼的茂盛？」

主人回答說：「先把地整平了，再用糞水灌溉，然後播種，自然而然麥苗就長得茂盛了。」

農夫回家後，歡天喜地，迫不及待的便依照麥田主人的方法，先整平了地，再把水肥灑在田裡，準備撒種。

忽然農夫困惑起來，「我的腳踩在田地裡，會把田地踩硬，如此一來麥苗就長不出來了」。想到這裡，他不禁眉頭深鎖，左思右想，想不出一個好方法。突然，靈光一現，有了！我可以坐在一張床上，叫人抬著，我就在床上面散發種子，這樣就行了。

於是，他雇來四個農夫，每人各抬一隻床腳，把他抬到田裡撒種，結果反而把地踩得更硬。

人們見了，忍不住笑他：原本怕自己兩隻腳踩壞了田地，結果反而多添了八隻腳來破壞田地。

智慧與寓意

面對難題，認真思索，採取正確的行動是非常必要的。有時，由於我們採取了錯誤的方法和行動，結果，舊的問題沒有得到解決，卻帶來了新的問題和麻煩。

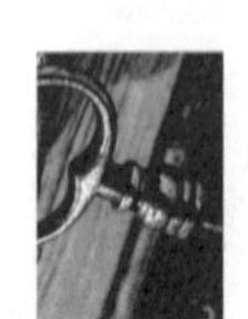

老船夫辨方向

一艘捕蟹船上住著老船夫和他的兒子，常常，他們爺倆高掛桅燈，搖著一葉扁舟到海裡捕蟹。

那滿艙的星光，滿懷的明月，是老船夫歲月裡恆開不敗的花朵。可惜，老船夫患上了眼疾，幾乎致盲，但仍陪兒子下海捕蟹。

一夜，父子兩人正在捕蟹，突然陰雲密佈，惡浪洶湧，狂烈的風嘩啦一聲就拍碎了桅燈，頓時，他們被捲入了黑色的漩渦，覆舟在即。

「爸爸，我辨不出方向了！」兒子絕望的喊道。

老船夫踉踉蹌蹌從船艙裡摸出來，推開兒子，自己掌起舵。

終於，蟹船劈開風浪，靠向燈光閃爍的碼頭。

「爹，您視力不好，怎麼還能辨出方向？」

「我的心裡裝了盞燈呢！」老船夫悠悠的答。

智慧與寓意

不管遇到什麼困難和障礙，一個人的心中都要有一盞永不熄滅的希望之燈，這樣才能走出重重迷霧，戰勝各種障礙。

井蛙和大海龜

棲在井裡的青蛙在井邊遇上一隻從東海而來的大海龜。青蛙看見大海龜，便對牠心滿意足的吹噓自己的愜意：「您瞧我住在這兒多麼快樂呀！我從井欄上跳進淺井，可以在井壁的縫隙裡小憩。在井水裡游耍，水面就托住我的胳肢和下巴。在軟綿綿的泥地上漫步，淤泥就漫過腳背。看看周圍的紅蟲、小螃蟹，牠們誰也不能比我自由自在。」

井蛙喋喋不休的誇耀自己的安樂：「我獨自享受這口井，得意洋洋的站著，真是快樂極了。」牠對大海龜發話，「先生，請問您，為什麼不常常來光臨我的水井，遊覽觀光一番呢？」

大海龜經不住井蛙的慫恿，抵不住牠的誘惑，也走到井邊去瞧瞧。誰知牠的左足還沒踏進井底，右足卻被井欄絆住了。牠進退不得，遲疑了一會，回到了原處。

大海龜算是親自領教了一番青蛙炫耀不已的井邊環境。牠忍不住向井蛙介紹大海的景象：「我生活的大海用千里的遙遠不足以形容海面的遼闊；用萬尺深度不足以窮盡海底的深邃。在大禹時代，十年中有九年遭水災，海面也並不因此而上漲；商湯時代，八年中有七年遇旱災，海水也並不因此而下降。你要知道大海是不受旱澇影響而漲落。這也就是我棲息在廣闊東海的樂趣！」

小小井蛙聽了大海龜對大海的描述，吃驚的瞪著圓圓的小眼睛，滿臉漲得通紅，羞愧得一句話也說不出來……

智慧與寓意

古人強調：「讀萬卷書，行萬里路。」人的生存環境和經歷決定人的思想認知。只有站得高，才能看得遠；只有開闊眼界，才能解放思想。自以為是、閉關自守的人就會變得孤陋寡聞。

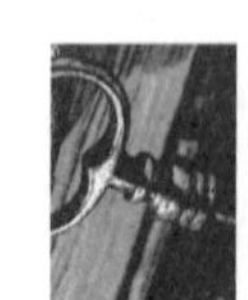

有錢人想要的樓房

從前，有個有錢人。他生性愚蠢，又不願意讀書學習，卻常自以為是，驕傲得很，經常做出一些讓人哭笑不得的事來。

有一次，他到另一個有錢人家裡去做客，見到人家的府第是一座三層樓的樓房，高大威風，又寬敞壯麗，看上去很是闊氣不說，站在三層樓上，還能看見遠方美麗的景致，真是妙極了。他心下不禁十分羡慕，想道：要是我也有一幢這樣的三層樓房，那該多好啊！我也可以站在我的三層樓上，喝茶觀景，要多愜意就有多愜意！

要蓋樓房，錢自然是不愁的。他回到家裡，馬上叫人請來泥瓦匠，吩咐道：「給我建一座三層樓房，越快越好！」

於是，泥瓦匠立刻開始動工，打地基、和泥、疊磚頭，開始修建樓房的第一層。

有錢人天天跑到工地上去看，頭幾天地基打好了。又過了幾天，疊了幾層磚。再過幾天，磚疊高了一點。有錢人想樓房都快想瘋了，如今過了這麼多天，他的樓房還沒影子，實在等得不耐煩了，就跑去問泥瓦匠：「你們是在建造什麼房子啊？

怎麼一點也不像我想要的樓房呢？」

泥瓦匠答道：「不是都照您的吩咐在建樓房嗎？這就是第一層了。」

有錢人又問：「這麼說，你們還要蓋第二層樓？」

泥瓦匠奇怪的回答：「當然了，有什麼問題嗎？」

有錢人暴跳如雷，勃然變色道：「蠢東西，我看中的是第三層，叫你們蓋的也是第三層，第一層、第二層我都有，還蓋它做什麼？」

智慧與寓意

這個有錢人真是可氣又可笑，沒有第一、第二層樓房，哪裡來第三層呢？宋代詩人蘇東坡說過「博觀而約取，厚積而薄發」的話（意思是：只有廣見博識，才能擇其精要者而取之；只有積累豐厚，才能得心應手為我用）。學習要踏踏實實，打好基礎；否則，我們的知識就好像空中樓閣一樣，缺乏系統性和實用性。

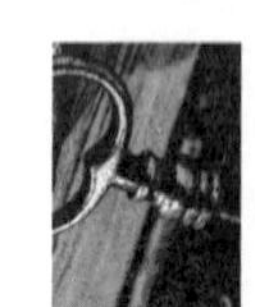

帽子是套在頭上的

有一家人家，一屋都是癡傻。有一天，父親把兒子叫來說：「你到集市上去買一頂帽子回來。我聽別人說，帽子是套在頭上的，要能裝得下腦袋才行。你上集市去一定要找那樣的帽子才能買。」

兒子按父親的吩咐到集市上買帽子，他到處找，找到一個別人說是賣帽子的地方。掌櫃拿出一頂黑色的綢帽給他，那帽子是疊著的沒有打開，這個傻兒子看了半天也沒找到能套下腦袋的地方，他放下綢帽就走了。接著，他又走了好多店鋪，找了一整天也沒見到他所想要的帽子。

在他準備回家的時候，他忽然看到一個賣甕的小店，裡面擺放著一個個寬口的甕子，甕子是空的，正好可以容得下人的腦袋。他想，這大概就是帽子了，於是他把甕買回了家。

他的父親也以為這就是帽子，將甕拿起來往頭上一戴，便連臉和脖子都套進去了，結果什麼也看不見。

這個傻父親每次戴著「甕帽」外出，鼻子在裡面就被磨得疼痛難耐，而且被堵得氣都很難出，憋得心裡慌。然而，他以為帽子本來就是這個樣子，他還是常常忍痛戴著它出去。久而久之，鼻子磨破了皮，生了瘡，頸部也被磨得長了厚厚的繭。事情都到這種地步了，他還是不願意把這「帽子」摘下來。只不過，從此以後，他每次戴上帽子就疼痛難忍，於是只好戴著帽子坐在家裡，而不敢出外行走了。

智慧與寓意

自己不懂、又不願意虛心向別人請教的人，自然難免要走些冤枉路，吃些虧，受些罪，事情做不成，還會給別人留下笑柄。

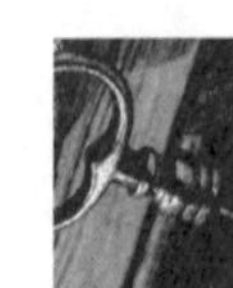

釣魚的兩位老人

一天，小郭在橫水邊散步。這河水平靜如鏡，清澈見底，有兩位老人在河邊釣魚，他們一人蹲在一塊石頭上，神情十分專注。

這時，小郭看到其中一老人一次又一次的起竿，不斷地將釣上來的魚放進魚簍裡；而另一位老人的魚簍裡卻空空的，他一條魚也沒釣到。這位沒釣到魚的老人有些沉不住氣了，他跑到那位釣魚多的老人身邊，對他說：「老哥，您已釣了這麼多的魚了，而我，從一早到現在連一條魚也還不曾釣到。咱倆用的魚食一樣多，釣鉤下去一樣深，可是結果卻完全不一樣，這到底是怎麼回事呢？」

那位釣魚多的老人說：「您是問我釣魚的方法嗎？其實也沒有什麼特別的方法。只不過我有這樣一些體會：比如說，在我開始放下釣鉤時，我心裡想的並不是釣魚這件事，因此，我不急不躁，我的眼睛也很平和而不是四下搜索張望，我的神情也不變，魚就放鬆了戒備，忘記了我是釣魚人，牠們在我的釣鉤旁游來游去，因此很容易上鉤，我也就容易釣到魚。我看你呀，就不像我這樣，而是心裡老想著魚，心情十分急切，眼睛老看著游來游去的魚，這樣你的神情變化太多太明顯，魚看到你這副神態，牠們會十分緊張，自然都被嚇跑了，那又如何釣得到魚呢？」

經這麼一開導，這位老人才恍然大悟。於是他依那位老人說的去做，靜下心來，全神貫注。果然沒多久工夫，他也接連釣上來好幾條魚。

小郭始終在一旁觀察。他聽到那位老人的一番話，深有同感的歎道：「他說得真好啊！要想實現自己的目標，就一定得認真專注的按規律辦事！」

智慧與寓意

兩個老人釣魚，外在條件一樣，可是方法不一樣，其結果就不一樣。無論做什麼事，都得積極借鑑別人的經驗，努力排除干擾、專心致志的按規律辦事，才能取得良好的效果。

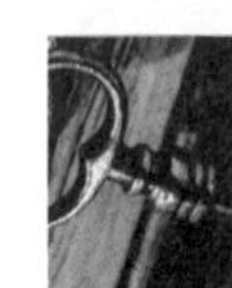

自作聰明的年輕人

有幾個人閒來無事，在一起聊天。一個年紀大的人對周圍幾個人說：「吃梨對人的牙齒有好處，不過，吃多了的話是會傷脾的。吃棗呢，正好與吃梨相反，吃棗可以健脾，但吃多了卻對牙齒有害。」

人群中一個呆頭呆腦的青年人覺得有些疑惑不解，他想了想說：「我有一個好主意，可以吃梨有利牙齒又不傷脾，吃棗健脾又不至於傷牙齒。」

那位年紀大的人連忙問他說：「你有什麼好主意，說給我們大家聽聽！」

那傻乎乎的青年人說：「吃梨的時候，我只是用牙去嚼，卻不嚥下去，它就傷不著脾了；吃棗的時候，我就不嚼，一口吞下去，這樣不就不會傷著牙齒了嗎？」

一個人聽了青年說的話，跟他開玩笑說：「你這不是將棗囫圇著吞下去了嗎？」

在場的人都哈哈大笑起來，笑得那個青年人抓耳搔腮，更是傻乎乎的了。

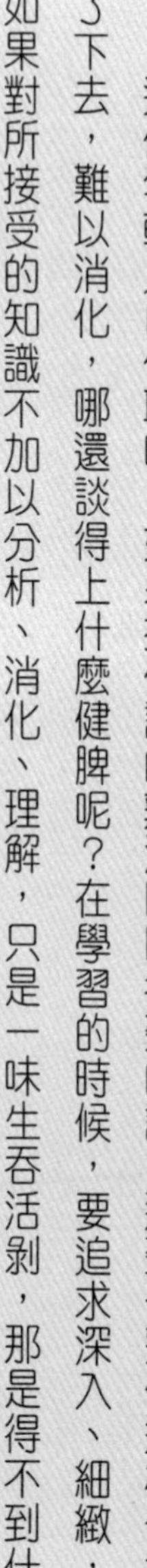

智慧與寓意

這個年輕人自作聰明，如果按他說的辦法囫圇吞棗的話，那棗子整個連核也吞了下去，難以消化，哪還談得上什麼健脾呢？在學習的時候，要追求深入、細緻，如果對所接受的知識不加以分析、消化、理解，只是一味生吞活剝，那是得不到什麼收益的。

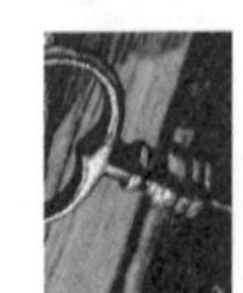

一頭學問淵博的豬

一頭絕頂聰明的豬，住在一個非常出名的圖書館的院子裡。牠深信自己由於多年圖書館的生涯，已經成了淵博的學者。

有一天，一隻八哥來訪問。這頭豬立即按照慣例，對客人進行自我介紹。

「朋友，相信我吧！」牠說，「我在這個圖書館裡待了很長一段時間了，我對這兒的溝渠、糞坑、垃圾堆，都有著深刻的瞭解，甚至屋後山坡上的墓穴都拱翻了好幾個。誰要是想在這個圖書館得到知識而不找我，那他是白跑了一趟。」

八哥說：「你所說的都是圖書館外面的事，那裡面的東西也瞭解嗎？」

「裡面？」這頭學問淵博的豬說，「那我最清楚不過了。裡面無非是一些木架子，上面堆滿了各色各樣的書。」

「你對那些書也瞭解嗎？」八哥問。

「怎麼不瞭解呢？」這位淵博的學者說，「那是最沒意思的了。它們既沒有什麼香氣，也沒有什麼臭氣，我咀嚼過好幾本，也談不上有什麼味道，乾巴巴的，連一點兒水分也沒有。」

「可是人們老在裡面待著，據說他們在裡面探求知識的寶藏呢！」八哥又說。

「人們？你說他們幹什麼！」這位豬學者說，「他們確實是那樣想的，想在書裡找點什麼東西。我常常看到許多人把那些書翻來翻去，結果什麼也沒有得到，仍然把書丟在架子上又走了。我敢肯定他們在裡面連糠渣菜葉都沒有得到一點，還談什麼寶藏！我從不做那種蠢事。與其花時間去啃書本，還不如到垃圾堆翻幾個爛蘿蔔啃啃。」

「算了吧，我的學者！」八哥說，「一個從垃圾堆裡啃爛蘿蔔的嘴巴，來談論書本上的事，是不大相宜的。你還是去啃你的爛蘿蔔吧！」

智慧與寓意

古人說：「書中自有黃金屋，書中自有千鍾粟。」做學問、學知識不能滿足於一知半解，要能夠領會其中的深刻意義，把握其精髓，才能充分享受到樂趣。

太陽是什麼樣子

有一個人生來就是個盲人，他從來就不知道太陽是個什麼樣子，而平時又總聽別人說「太陽」、「太陽」的。於是，他便去向人請教太陽是什麼樣子。

一次，盲人碰到一個人，便問他道：「請你告訴我，太陽是什麼樣子？」那人告訴他說：「太陽的形狀像個大銅盆。」說著，還順手拿起一隻銅盆敲了敲，說：「喏，太陽就跟這一樣。」

盲人聽到了銅盆的聲音，心裡記下了這聲音的特徵，自言自語說：「原來太陽是這樣的。」

過了些日子，盲人走在路上，一陣鐘聲傳進他耳朵裡，他以為是太陽來了，他高興得喊起來：「太陽來了，我聽到了它的聲音。」

又有一次，盲人碰到一個人告訴他說：「太陽有光亮，就像蠟燭一樣。」那人還順便將一根蠟燭給盲人摸了摸。

盲人又記住了蠟燭的形狀，心想：原來太陽是這個樣子的。

一天，別人給他一支短笛，他用手將短笛摸了一遍，他感覺到這不是太陽嗎？於是他又高興地喊著：「我有了太陽了，我拿到太陽了！」

智慧與寓意

其實，太陽和鐘，太陽和短笛，彼此之間的差別實在太大了，可是盲人僅憑一點局部的感知，始終都沒有弄清它們之間的區別。

那些只靠道聽塗說，粗略瞭解一點皮毛的人，便以為自己獲得了真知，實在是可笑的。要想掌握知識，就必須親身實踐，把握事物的本質特徵與整體，才有可能得出正確的結論。

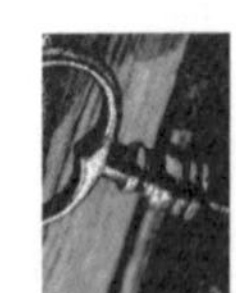

趕雞也有學問

有個書呆子一天到晚只會待在家裡看書，什麼事也不會做，整天依賴妻子飯來張口衣來伸手。

這天黃昏，妻子在田裡忙完工作回家，只見自家的雞群還沒有歸窩。她自己要忙著做飯，沒工夫去張羅趕雞，就對丈夫說：「我做飯，你去幫我把雞都趕進窩去。」

丈夫答應了。他放下書本跑到外面，去將自家的雞趕回家。

書呆子看到自家那幾隻雞，連忙上去一陣使勁猛趕，結果那幾隻雞嚇得驚慌失措，亂飛亂竄；書呆子只好停下來朝雞揚起手慢慢示意，於是那雞又停在那裡東瞧西望。等那幾隻雞剛剛安定下來，要向北面走去，書呆子趕忙上前將雞攔住，雞嚇得一掉頭又朝南邊跑去，書呆子急了，又趕到雞前將雞攔住，雞又重新掉頭朝北跑去。就這樣，他靠近雞時，雞嚇得到處逃竄，他遠離雞時，雞又停住不走。折騰到天都黑下來了，還有三隻雞依然沒趕回窩。

妻子做好了飯，還不見丈夫把雞趕回家。她走出屋外一看，書呆子站在那裡正顯出無可奈何的樣子，額頭上還淌著汗。

妻子很是生氣，教他說：「應該這樣趕雞：在雞靜下來的時候慢慢靠近牠；如果牠驚恐不安，你就扔點食物去引誘牠。不能像你這樣粗暴的亂趕一通，要慢慢誘導趕著。你盡量把雞趕到熟悉的路上，讓牠慢慢安定下來，牠自然而然就會回自己的雞窩了。這才是最好的趕雞方法。」

書呆子若有所悟，說：「想不到趕雞也有學問，怎麼書本上就沒教呢？」

智慧與寓意

一個人不能死讀書，一定要重視實踐能力。做任何事情都有它的方法和規律，如果不講究方式方法，只憑想像毫無計畫的去做，就難以把事情做好。

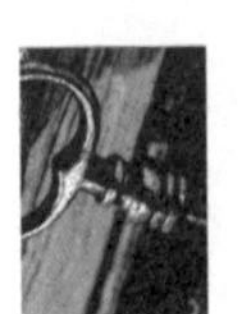

小獅子學藝

森林之王獅子有了一個兒子。當小獅子剛滿一歲時，獅王便開始認真考慮牠的教育問題：不能讓兒子愚昧無知，更不能讓牠毀了王室的名聲。於是，獅王開始為小獅子選擇老師。

一開始，牠想把小獅子托付給狐狸，狐狸聰明伶俐。但是，狐狸撒謊的本領天下第一，牠的學問非帝王所需要。

那麼鼴鼠呢？鼴鼠做任何事都非常小心謹慎，親力親為；但是牠目光短淺，拘泥於小節，也不適合。豹怎樣呢？豹勇猛有力，而且是出色的軍事家；不過豹子不懂得政治，牠只會廝殺，不配做王儲老師。

即使森林中大家尊敬的大象，獅王還嫌牠不夠聰明……總之，獅王挑遍了牠的手下，都沒能找到一個中意的。

此時，老鷹知道了獅王的煩惱。老鷹是鳥國的國王，與獅王的關係親密友好，便自告奮勇負責教導小獅子。獅王如釋重負，王子拜一個國王為師，看起來再好不過了！於是，便把小獅子送去學習了。

一晃兩年過去了，不論問誰，林中的百鳥對小獅子都是讚不絕口。獅王派人把小獅子接回來了，並把所有的臣民全都召集起來。

獅王與小獅子親吻、擁抱，並問牠：「親愛的兒子，你是我唯一的繼承人，我將把百獸交給你治理。你現在來說說這兩年，你都學到了什麼啊？」

小獅子從容不迫地回答道：「親愛的父王，我懂得了很多這裡誰也不懂的事情。從鷹王到鶺鴒，各有其棲息之處，誰有何需求，誰是怎麼孵卵，他們的生活習性我全清楚。你看，這是我的畢業證書，百鳥都誇獎我，如果您把王位傳給我，我立即教大家如何築巢。」

百獸聽了個個垂頭喪氣，個個歎息。老獅王這才醒悟過來，原來小獅子學的都是些沒用的東西啊！

智慧與寓意

學習一定要有自己明確的目的，選擇那些適合自己的內容和方法。如果不顧自身條件，不結合實際，就會誤入歧途，勞而無功，白白浪費大好時光。

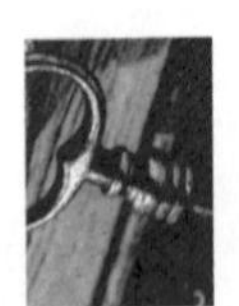

尋寶的青年

有一位年老的富翁，非常擔心他從小嬌慣的兒子前途，雖然他有龐大的財產，卻害怕遺留給兒子反而帶來禍害。他想，與其留財產給孩子，還不如教他自己去奮鬥。

他把兒子叫來，對兒子說了他如何白手起家、經過艱苦的拚搏才有了今天的成就。父親的故事感動了這位從未出過遠門的青年，激發了他奮鬥的勇氣，於是他立下誓願：如果不找到寶物絕不返鄉。

青年打造了一艘堅固的大船，在親友的歡送中出海。他駕船渡過了險惡的風浪，經過無數的島嶼，最後在熱帶雨林中找到了一種樹木，這樹木高達十餘米，在一大片雨林中只有一、兩株。砍下這種樹木經過一年的時間讓外皮朽爛，留下木心沉黑的部分，會散發一種無比的香氣。放在水中，它不像別的樹木浮在水面上，而是會沉到水底去。青年心想：這真是無比的寶物呀！

青年把這香味無以比擬的樹木運到市場上出售，可是沒有人來買他的樹木，這使他非常煩惱。偏偏在與他相鄰的攤位上有人在賣木炭，那小販的木炭總是很快就賣光了。剛開始的時候青年還不為所動，日子一天天過去，終於使他的信心動搖，他想：「既然木炭這麼好賣，為什麼我不把香樹變成木炭來賣呢？」

第二天他果然把香木燒成木炭，挑到市場，一會兒就賣光了，青年非常高興自己能改變心意，得意地回家告訴他的老父。然而他老父聽了，卻忍不住落下淚來。

原來，青年燒成木炭的香木，正是這個世界上最珍貴的木材「沉香」，只要切下一小塊磨成粉屑，價值就會超過一車的木炭。

智慧與寓意

許多人手裡有「沉香」，卻不知道它的珍貴，反而羨慕別人手中的木炭，最後竟丟棄了自己的珍寶。還有些人雖知道成功是自己偉大的心願，一開始也有不成功不罷休的氣概，但他們看到成為平庸的人最容易，最不費工夫，最後他們就出賣了自己尊貴的志願，成為一個平庸的人。

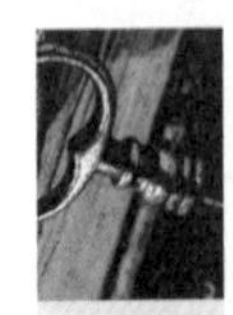

望天樹與鐵刀木

望天樹與鐵刀木都生長在雲南熱帶雨林。望天樹高極了，你要抬頭看它，帽子準會掉到地上。它高得連靈敏的測高器也無法測量，測了上部顧不到下部，遠遠望去，像一個傲然屹立的巨人。

鐵刀木矮極了，誰也沒有注意過它。它長了一年又一年，身高卻一直在一米以下。它在望天樹的對面，相比之下，簡直成了侏儒。

望天樹用枝條撫摸著雲彩，嘲笑鐵刀木：「可憐的鐵刀木啊！你只配到小人國裡去生活。」

鐵刀木不卑不亢的說：「你是比我高得多，可是我的生命力卻要比你強。」

「什麼？什麼？」望天樹怒視著它，氣得大聲喊叫起來：「天大的笑話！我這麼高這麼壯，生命力難道還比不過你這個矮子？」

生活並不像人們所希望的那樣，天天有和風，天天有陽光，平靜而舒適。在一個陰霾的日子裡，林中突然闖進一夥凶殘的傢伙，砍走了望天樹和鐵刀木，只剩下兩個矮矮的樹墩。

幾天後，奇蹟出現了，只見鐵刀木的樹墩上抽出了許多新的枝條，向上伸展，碧綠碧綠——它是一種永遠也砍不死的樹。

望天樹的樹墩，一天比一天枯朽，上面長滿了黴菌。從此，在這片林子裡，人們再也見不到望天樹的高大身影了，矮小的鐵刀木卻充滿著活力。

智慧與寓意

「尺有所短，寸有所長。」人有長處也有短處。對別人，要善於欣賞其長處，但也不能忽略其短處，必須全面的認識一個人；對自己，要珍視自己的長處，做到自尊、自信，又要正視自己的短處，避免狂妄自大，時刻提防外界的傷害。

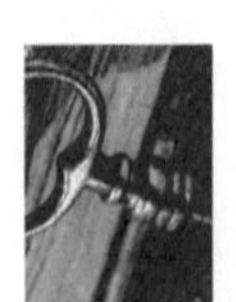

如何看待自己

一青年向一禪師求教：「大師，有人稱讚我是天才，將來必有一番作為；也有人罵我是笨蛋，一輩子不會有多大出息。依您看呢？」

「你是如何看待自己的？」禪師反問。

青年搖搖頭，一臉茫然。

「譬如同樣一斤米，用不同眼光去看，它的價值也就迥然不同。在炊婦眼中，它不過做兩三碗大米飯而已；在農民看來，它最多值一文錢罷了；在賣粽子人的眼裡，包紮成粽子後，它可賣出三文錢；在制餅者看來，它能被加工成餅乾，賣五文錢；在味精廠家眼中，它可提煉出味精，賣八文錢；在製酒商看來，它能釀成酒，勾兌後，賣四十文錢。不過，米還是那斤米。」

大師頓了頓，接著說：「同樣一個人，有人將你抬得很高，有人把你貶得很低，其實，你就是你。你究竟有多大出息，取決於你到底怎樣看待自己。」

青年豁然開朗。

智慧與寓意

我們成長過程中需要有周圍朋友的指點和幫助，但是，別人對他的評價和看法僅供你參考，我們不能將命運交給別人的評論。很多時候別人對你的認識是片面的，關鍵是你要相信自己，學會接受自己、欣賞自己。

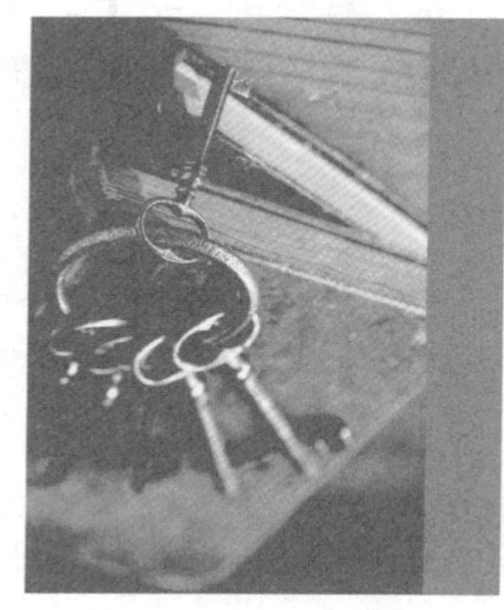

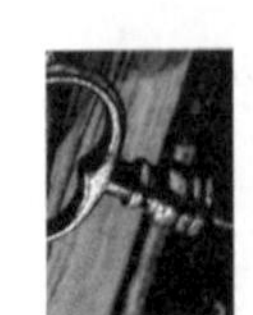

想變駿馬的驢

有個養馬的人，得到了一頭驢，就把這頭驢和馬飼養在一起。

馬該吃草料了，驢也學著馬的樣子，吃著草料；馬該散步了，驢也緊隨其後，慢慢散步；馬想奔跑了，驢也拚命的跑起來；馬要睡覺了，驢也挨著牠睡覺，簡直是形影不離。

養馬的人要用馬運送東西，驢也和馬一起運送東西。馬每日走多遠，驢也走多遠；馬歇息，驢也歇息。這頭驢覺得自己就是一匹駿馬，牠幻想著：「有朝一日，我也長得像大白馬那樣高壯、俊美，長長的尾巴，飄逸的鬃毛，啊，那該多好啊！」

驢想到這裡，再看看自己，真有些洩氣，毛色灰溜溜的，個頭矮小，尾巴短短的。唉，什麼時候才能變成駿馬呢？

驢和馬在一起，處處學著馬的樣子，馬走百里路，牠不走九十九里；馬走千里路，牠也不落後。就這樣學著、練著、時間一久，還真怪，驢真的變了，牠的皮毛不再是枯燥無光，就連叫聲，也有些像馬嘶了。

這頭驢真是高興極了，終日與馬寸步不離的在一起，想早日變成真正的駿馬。不料，不久之後，牠的主人把牠賣給了一個養驢的人，而這個人家養了一大群驢。

想變馬的驢失去了學習的榜樣，整日和驢群生活在一起，別的驢做什麼，牠也做什麼。驢群吃草料，這頭驢也跟著吃；驢群開心的跑跳，牠也尥著蹶子，跑過來，跑過去；驢群走百里路，牠也走百里路；驢群行千里路，牠也行千里路；驢群扯著喉嚨大叫，牠也放開聲音大叫著；這頭驢再也不覺得自己像馬了，也不再幻想著要變成一匹駿馬了。

慢慢的，這頭驢那光澤的像馬一樣的皮毛，又變得枯燥無光了；牠叫起來，不再像馬嘶鳴，而完完全全是驢的聲音了。結果，這頭驢始終沒有再變成馬的模樣，直到死也沒有變。

智慧與寓意

俗話說：「鳥隨鸞鳳飛程遠，人伴賢良品德高。」在生活中，為了成為一個傑出的人，除了要正確認識自己，還要精心選擇朋友和夥伴，以形成良好的成長氛圍，避免遭受不良的影響。

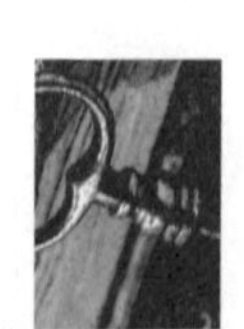

窮人和寶物

從前有一個人，家境貧窮，而且債台高築，因無力償還，便逃到他鄉。

在一個空曠無人的地方，路旁有一只寶篋，裡面裝滿了珍奇寶物，在寶物上覆蓋了一面鏡子。

此時，窮人剛好路過這裡，看到四下無人，便撿起寶篋，打開一看，裡面儘是珍奇異寶。

「這下發財了！」窮人心裡歡喜得不得了。

正在高興之際，突然發現鏡子裡有個人，不由得嚇了一大跳，趕緊跟對方賠不是說：「我以為寶篋是空的，應該什麼都沒有，不知道您在裡面，請不要誤會，我不是有意要拿您的東西。」

說完，窮人也來不及弄清楚怎麼回事，就飛也似的逃跑了。

智慧與寓意

原來窮人所見到的，不過是鏡中他自己的身影，而他居然不認識，所以放棄了唾手可得的財寶。

無法正確認識自己的人，即使得到千載難逢的好機會，往往也把握不住。認識了自己，才能改變世界。要拭亮自己的眼睛，看清世態的真相。淨化心識，覺察生命光明之路，引導自己跨出踏實的腳步，走出充實圓滿的幸福人生。

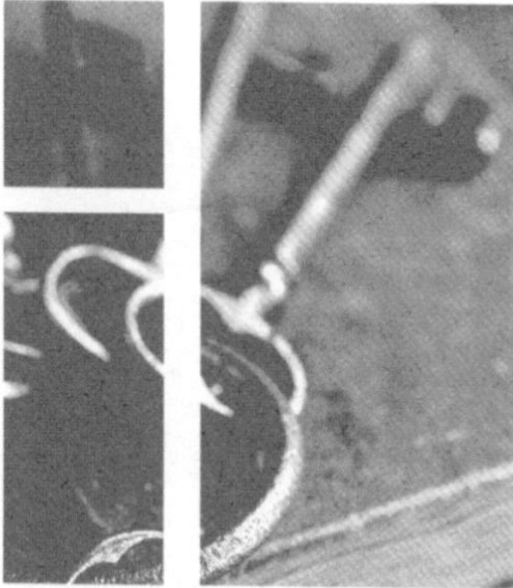

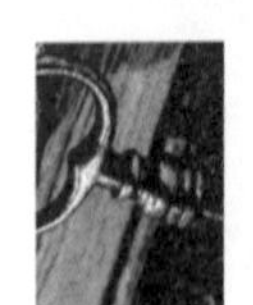

司命大神的態度

神廟裡供奉著一尊司命大神，四鄉八境的人都來向他禮拜，祈求降賜福澤和消弭災難。

判官問道：「這麼多人來祈求，要怎樣對待他們的供奉呢？」

「全部領受！」大神指示。

「那你怎樣回答他們的祈求呢？」判官問。

「那很簡單，」大神說，「沒有災難的，不需理會；凡有災難的，不加理會，該跛腳的跛腳，該瞎眼的瞎眼，該死的就死掉。」

判官大惑不解，問道：「這樣，人們還會來供奉香火嗎？」

「會供奉的，」大神說，「你要讓他們懂得，他們的幸福，全是我的恩惠；而災難，是他們命中注定，我已給他們減輕了許多。」

智慧與寓意

自己的命運掌握在自己的手裡。如果硬要把自己的幸福交給別人，祈求別人的庇護或保佑，最終只能受到嘲弄。

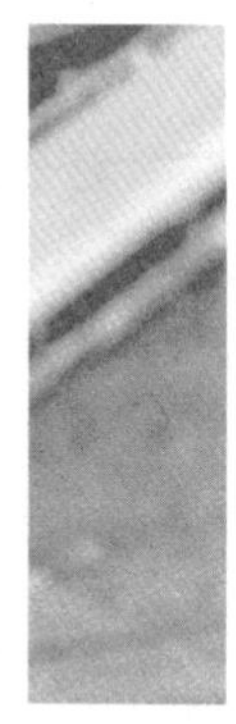

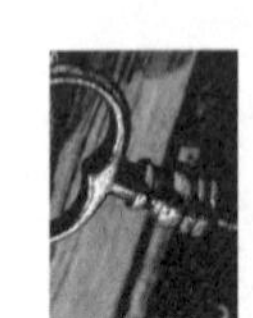

一頭傲慢的驢

有一次，人們選了一頭驢，馱著神像穿城而過。一群群的人從四鄉趕來看遊行隊伍。他們站在街旁，你推我擠，想擠到最前面去。

驢子走過時，所有的人都鞠躬致敬，向神像祈禱。有些人伸手撫摩神像；還有些人在神像前方的路旁跪下。驢覺得牠是一頭很了不起的動物。

「真沒想到，這些人都對我如此畢恭畢敬，」牠想，「我不知道我這樣有威望。想想看，我竟一向照主人的吩咐辦事，叫我幹什麼就幹什麼。」

牠決定試試自己的力量。

「我真不想再往前走了，」牠想道，「我就在這裡站一會兒，讓人們讚美我。」

於是牠就一步也不肯走了。

啪！牠的背上狠狠的挨了一下子。

「走，」主人氣沖沖的吆喝著，「你竟敢這樣把遊行隊伍擋住？」

「在這美好的時候，」驢傲慢的說，「我不過想給這些好人一個瞻仰我的機會。」

主人大笑起來，一邊揪著驢的耳朵拉牠往前走。「人們對你不感興趣。他們是到這兒來看你馱的神像。走吧，不然我要發脾氣了。」

智慧與寓意

沒有真才實學，依靠借別人的光贏得的榮譽不會持久。在生活中要有自知之明，千萬不可妄自尊大。

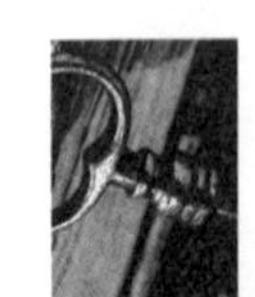

桃符和艾草人

從前，每逢新春佳節到來，人們都要在自家的門兩旁貼上桃符，寫上一些吉祥喜慶的話，為的是祈禱新的一年人丁興旺，五穀豐登，做什麼事都有好兆頭。這些桃符一般都要貼到下一個新年才換掉。

到了端午節，各家各戶又用艾草紮成一個人的形狀掛在門框上方，利用艾草的氣味來驅除蚊蠅害蟲，消除毒氣瘴氣。

有一天，門邊的桃符一抬頭，看見門框上用艾草紮成的小人掛在那裡，便十分生氣，於是對艾草罵道：「你是什麼東西，竟敢佔據我的上位？」

艾草彎腰看了看已經破舊褪色的桃符，不服氣的說：「你都已經半截身子埋進土裡去了，還有什麼臉來跟我爭上位下位，你生來就只配在我的下面！」

桃符見小艾草人這麼傲慢，更生氣了，便又說：「我起碼是出自文人之手，和筆墨香味有聯繫，我的出身高雅。而你，來自田邊野地的一把蒿草，用幾截破繩一纏，也配掛在我的上面嗎？自己也不瞧瞧自己是副什麼模樣！」

艾草人一點兒也不示弱，冷笑著說：「管你高雅不高雅，瞧你風燭殘年，主人早將你忘了，眼下注重的卻是我……」

就這樣，桃符和艾草你一句我一句，彼此爭辯不休，他們吵鬧的聲音越來越大，以至於驚動了門神。門神出來勸解正在爭論的桃符和艾草人，他說：「兩位兄弟，我看還是不要再爭吵了吧！我們這等人，本來就沒什麼大本事，現在只不過是依附在人家的門戶上才得以安身混日子，還怎麼好意思去爭什麼高低上下呢？」

一番話，說得桃符和艾草人都慚愧的低下了頭。

智慧與寓意

生活中有很多沒什麼大本事、也沒什麼才幹的人，偏偏缺乏自知之明，這樣的人往往看不見自己的短處，卻偏偏還要好虛榮，要面子，互相攀比爭待遇，這樣的人實在是可笑的。

螞蟻和大鰲

古時候，東海裡面住著一隻大鰲。這隻大鰲身形非常巨大，讓人看了驚歎不已，牠頭頂著蓬萊仙山，在浩瀚的大海裡自由自在的遊玩。

牠的舉動非常壯觀，飛騰而起的時候，一直衝入九霄，水柱噴湧直上，水花直濺到方圓百里的地方；牠潛入水中的時候，巨浪翻滾，濤聲震天，海中捲起巨大的漩渦，這樣的奇特景象簡直叫人歎為觀止。

有一群紅螞蟻住在蟻塚上，整天為了生活忙忙碌碌，沒有見過什麼世面。

有一隻去外面旅行的紅螞蟻聽說了這隻大鰲的情形，心中很是嚮往，就回來對螞蟻們說：「聽說東海有隻大鰲，行動時的奇觀舉世無雙，我們也去見識見識吧！」螞蟻們聽了，覺得這確實是個開眼界長見識的好機會，就高興的答應了。

螞蟻們長途跋涉，終於來到了東海邊上。牠們日等夜盼，只希望能親眼一睹大鰲的風采。

但足足等了一個多月，大鰲都一直沒有露面，螞蟻們想見到牠的心情一天比一天急切。

後來，螞蟻們實在等得有些灰心了，就商量著想回去了。

正當牠們準備離開的時候，突然天昏地暗，刮起了一陣狂風，海面上掀起萬丈高的巨浪，浪濤相撞的聲音如雷鳴一般震人耳鼓。

螞蟻們差一點被風刮跑，牠們掙扎著大聲喊道：「要小心哪，恐怕大鰲就要出現了啊！」

過了幾天，風漸漸停息，海水也恢復了以前的寧靜。

遠遠望見海天相接的地方慢慢升起了一座大山，它的頂端已沒入了空中的雲團中，有時候向東邊飄移，有時候又向西邊飄移。

這時候，螞蟻們禁不住議論紛紛。牠們說：「跑了這麼多路，又等候了這麼多天，原來也只不過如此啊！大鰲頭頂仙山就好比我們頭頂著米粒；牠在海裡游動、停息，還不是就如同我們在蟻塚裡爬行和休息。只不過程度有所不同罷了，也沒什麼值得大驚小怪的，枉費我們的力氣千里迢迢來看牠了！」

智慧與寓意

螞蟻們竟然把大鰲驚天動地的壯舉和牠們微不足道的行為相提並論，實在是有眼不識泰山。

正確認識自己才能不斷進步。做人，需要多一份虛心，少一份驕傲；多一點不斷努力的上進心，少一點盲目自滿自足的惰性。

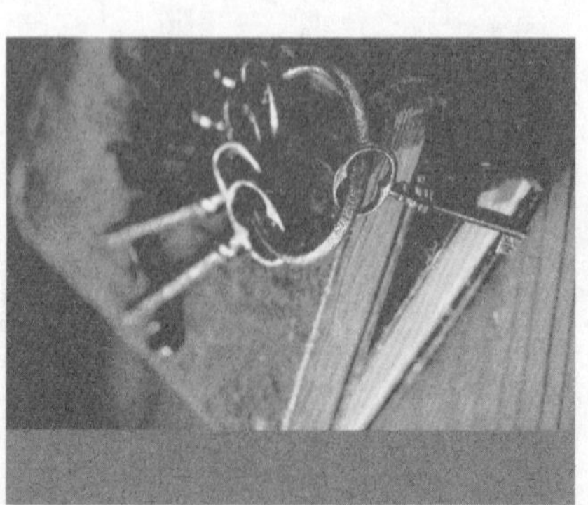

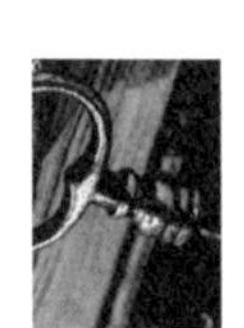

老海龜的悲劇

海島的沙灘上，有一隻巨大的海龜。牠曬著溫暖的太陽，慢慢的爬動著，感到十分愜意。

有一隻小海鷗飛來，停歇在海龜的背上問：「老爺爺，您多大年紀了？」

「不大不小，整整一百歲。」海龜慢吞吞的說。

「呀！您這麼大年紀，一定到過許多許多地方吧？一定有很大很大本領吧？您……」好奇的小海鷗連珠炮似的發問道。

老海龜的精神來了，牠伸長脖子，昂起頭，微微晃動著，誇耀的說：「這個嘛，太平洋我是游遍了；荒涼的小島我全走過；最深的海底我也曾去觀光過。至於我神通廣大的本領，說起來准讓你羨慕得流口水……」

海龜正說得口沫橫飛，小海鷗忽然驚恐的飛開了。

一個壯年男子走過來，用力把海龜翻個四腳朝天。那壯年男子走開時笑著說：「現在我沒空，過半天後再搬你上船去。」

老海龜知道大事不好，只等著倒霉了。

小海鷗見老海龜仰面躺著不動，飛過來驚訝的說道：「神通廣大的老爺爺啊，您就這麼等著別人別把您抓走嗎？」

老海龜聽了，慚愧的說不出話來。

智慧與寓意

那些沒有真正的本事、愛慕虛榮、只會誇誇其談的人，不僅很難贏得別人的尊敬，還隨時都可能給自己帶來危害和災難。

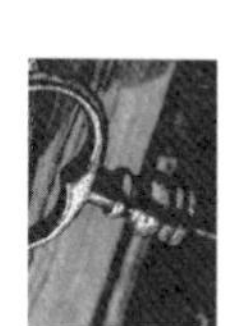

討厭馬甲的烏龜

有一隻烏龜在沙灘上曬太陽時，幾隻螃蟹爬過來，牠們看到烏龜背上的甲殼嘲笑道：「快來看，那是一隻什麼怪物啊，身上背著厚厚的殼不說，殼上還有亂七八糟的花紋，真是難看死了。」

烏龜聽後，覺得很羞愧，因為牠自己早就痛恨這身盔甲，但這是娘胎裡帶出來的，沒法改變，牠只能把頭縮進殼裡，來個眼不見、耳不聽，落得個清靜。

誰知螃蟹們見烏龜不反抗，便得寸進尺，「喲，還有羞恥心哩，以為把頭縮進去，你就能改變你一出生就穿破馬甲的命運嗎？」烏龜沒有回應，螃蟹自討沒趣的走了。

烏龜等螃蟹們走後，伸出頭，邁動四肢，找到一處礁石，把牠的背部靠在礁石上不停的磨，想磨掉那件給牠帶來恥辱的破馬甲。

終於，烏龜把背磨平了，馬甲不見了，但弄得全身鮮血淋漓，疼痛不堪。

這天，東海龍王召集文武百官升朝，宣佈封烏龜家族為一等伯爵，並令牠們全體上朝叩謝聖恩。

在烏龜家族裡，龍王一眼就瞧見了那只已沒有馬甲的烏龜，便大怒道：「你是何方妖怪，膽敢冒充烏龜家族成員來受封？」

「大王，我是烏龜呀！」

「放肆，你還想騙朕，馬甲是你們龜類的特徵，如今你連特徵都沒有了，已失去了本色，還有什麼資格說是烏龜。」一說完，龍王大手一揮，蝦兵蟹將們就將這隻失去本色的烏龜趕出了龍宮。

智慧與寓意

人立命於世，首先要自尊自重，盡量保持自己的本色；失去了本色，也就失去了自己存在和發展的根基。

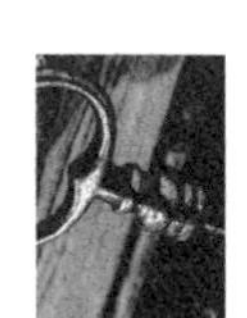

想要飛翔的魚

一條在水裡游泳的魚，偶爾看見一隻在天空中飛翔的鳥，心生羨慕，牠想：「要是我也能夠飛翔多好啊！」

於是，這條魚開始整日整夜地模仿飛鳥在天空中飛翔的姿勢，企圖有一天能衝出水面，飛上藍天。

牠的同伴勸阻牠：「你別白費力氣了，魚就永遠學不會飛翔。」

這條魚對同伴的勸阻很生氣：「你是嫉妒我以後能夠飛翔吧？你等著瞧吧，只要我堅持不懈的努力，就一定能夠學會飛翔的本領！」

於是，這條魚繼續勤學苦練飛翔的本領，繼續做著飛翔的美夢。就這樣牠做了一輩子飛翔夢，卻始終沒有學會飛翔，直到被漁夫打撈上網的那一刻，牠也仍然沒有想明白：「我勤學苦練一輩子飛鳥飛翔的姿勢，可我為什麼就是不能飛翔呢？假如我能飛翔該多好，那樣我就不會被這該死的漁網網住了。」

智慧與寓意

天道酬勤，這是上天對勤奮努力的人的厚愛與褒賞。然而，成功僅靠勤奮是遠遠不夠的，勤不一定能補拙，有時候一個智慧的選擇勝過千萬個忙碌的打拼。

如果把千萬個打拼比作勤奮的話，那麼一個智慧的選擇就是你的方向、目標和位置。再也沒有什麼比確定好適合自己的方向、目標和位置更重要的了！

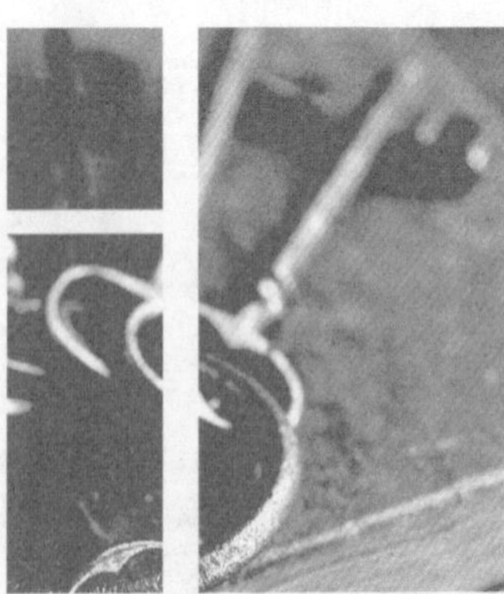

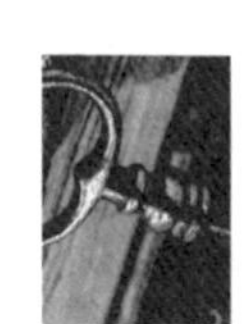

勤奮磨牙的野狼

一隻野狼臥在草上勤奮的磨牙，狐狸看到了，就對牠說：「天氣這麼好，大家在休息娛樂，你也加入我們隊伍中吧！」

野狼沒有說話，繼續磨牙，把牠的牙齒磨得又尖又利。

狐狸奇怪的問道：「森林這麼靜，獵人和獵狗已經回家了，老虎也不在近處徘徊，又沒有任何危險，你何必那麼使勁的磨牙呢？」

野狼慢慢停下來，回答說：「我磨牙並不是為了娛樂，你想想，如果有一天我被獵人或老虎追殺，到那時，我想磨牙也來不及了。而平時我就把牙磨好，到那時就可以保護自己了。」

智慧與寓意

做事應該未雨綢繆，居安思危，這樣在危險突然降臨時，才不至於手忙腳亂。沒有遠見、得過且過的人，也一定是那些經常「悔不當初」的人。

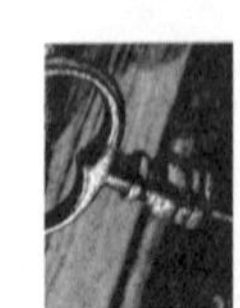

賣弄靈巧的猴子

一群猴子住在江邊的一座山上。這座山飛瀑流泉，樹木繁茂，風景十分秀麗。每年春天過後，滿山遍野都長著野果。說不清是哪個年月，一群猴子來到這座山上安家落戶，從此以後，一直過著不愁溫飽、悠然自得的生活。

有一天，吳王帶著隨從乘船在江上遊玩，當他在江兩岸的奇山異峰中發現這風景秀麗的猴山時，感到異常興奮。吳王令隨從在猴山腳下的江邊泊船，帶領他們下船登山。

山上的猴子們往日的平和與寧靜，突然被這麼多上山來的人干擾了。猴子們面面相覷，牠們嚇得驚慌失措四下逃走，躲進荊棘深處不敢出來。

猴群中有一隻猴子卻與眾不同，牠從容自得的停留在原地，一會兒抓耳搔腮，一會兒手舞足蹈，滿不在乎的在吳王面前賣弄著它的靈巧。吳王拉開弓，用箭射它，這隻猴子並不害怕，吳王射過去的箭都被牠敏捷的抓住了。

吳王有些懊惱，便命令隨從們一起去追射這隻猴子。面對這麼多人射過去的箭，猴子難以招架，當即被亂箭射死。

吳王回頭對他的隨從們說：「這隻猴子，倚仗自己的靈巧，不顧場合的賣弄自己，以至於就這樣失去了自己的性命，真是可悲。你們都要引以為戒，千萬不要恃才傲物，在人前顯示和賣弄自己的一點彫蟲小技。」

智慧與寓意

「木秀於林，風必摧之。」為人處世必須要謙虛謹慎，盡量低調些。恃才傲物、有了一點點本事就喜歡賣弄的人是愚蠢的，最終只能給自己帶來危害和損失，甚至招致失敗的下場。

裝死的天鵝

在一片森林裡，有一棵碩大的無花果樹，樹幹上纏滿了蔓籐，樹上住著一家天鵝。

有一次，當這些天鵝出去尋找食物的時候，一個獵人爬到樹上去，在天鵝的窩裡設下了機關。晚上，當天鵝們飛回窩時，一個個都被絆索捆住了。一家人只能互相看著，卻都動彈不得，只能等死，因此不禁流下了眼淚。

這時，一隻老天鵝說：「我有一個辦法，那個獵人一來，我們就裝死。獵人的心裡會想，這些傢伙都死了。然後就把我們都扔到地上。當他往下爬的時候，你們就一起飛起來。」

天一亮，獵人來了，他看到牠們都像死了一樣，沒有絲毫懷疑，就把牠們從絆索上解下來，一隻隻丟到地上。當牠們看到獵人往下爬時，就一起飛起來逃跑了。

智慧與寓意

在遇到困難的時候，要沉著冷靜的多加思考。面臨非常的險境，就要勇於採取非常的方法，靈活的擺脫危機。

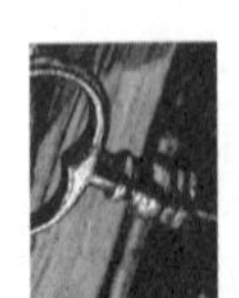

喪失警惕的大蜀雞

蜀雞是一種體魄健壯的大種雞。牠身上的羽毛別具一格，形成自然美麗的花紋，而脖子上的羽毛則是一派紅色。蜀雞既具有觀賞價值，又可以食用，因此豚澤地方的人很喜歡飼養這種雞。

豚澤一家農戶養的蜀雞在初春時節孵出了一窩可愛的小雞。春分過後，天氣逐漸轉暖。眼看著這群小雞一天天的長大起來。只要是風和日麗的天氣，大蜀雞就會領著小蜀雞到庭院裡活動。大蜀雞咯、咯、咯的叫著，走在前面帶路；小蜀雞啾、啾、啾的叫著，連蹦帶跳的跟在後面學步。雖然小蜀雞嘰嘰喳喳的嘈雜叫聲不絕於耳，但是大蜀雞一刻也沒有忘記自己的責任。雞媽媽既是雞寶寶的好老師，又是牠們的守護神。

有一天，大蜀雞正領著一群小蜀雞在院子裡散步，一隻鷂鷹忽然從空中盤旋而下。大蜀雞一見長著凶狠的爪子和長鉤似利嘴的鷂鷹在頭頂上盤旋，就知道來者不善。牠迅速用翅膀把小雞遮護起來，同時高昂起頭頸，大聲的吼叫，眼睛連眨都不眨的死死盯住鷂鷹，準備與牠進行一場殊死的搏鬥。鷂鷹看到大蜀雞已有戒備，不敢輕易進犯。牠在空中兜了幾個圈子就沒趣的飛走了。

過了一會兒，天上飛來一隻烏鴉。大蜀雞知道烏鴉平素只以樹上的野果、田裡的穀物和昆蟲為食，性情不像鷂鷹那般兇猛，所以絲毫沒有防範。牠讓烏鴉飛到院子裡和自己做伴，與小雞一塊啄食、玩耍。大約有一頓飯的工夫，大蜀雞與烏鴉和睦相處，簡直像親兄弟一樣。然而好景不長，當大蜀雞完全喪失警惕、癡心陶醉在這天倫之樂中的時候，烏鴉猛然間用長長的大嘴巴叼起了一隻小雞。然後，牠用雙腳使勁的往地上一蹬，狠狠的拍了拍翅膀，一陣風似的飛走了。

大蜀雞驚魂未定地站在塵土飛揚的院子裡，呆呆地望著烏鴉漸漸遠去的身影，感到心痛萬分。牠對於自己因判斷錯誤而受烏鴉欺騙，近而導致親生骨肉轉瞬間慘遭橫禍的嚴重過失懊喪不已。

智慧與寓意

看起來最可怕的對手往往不是危害最大的。陰險狡猾的敵人不僅像凶殘露骨的敵人一樣可恨，而且更難防範。

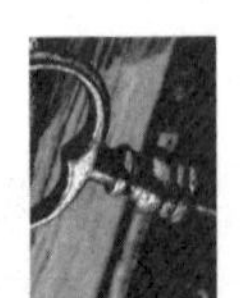

水鷸和鱷魚

鱷魚爬到河邊上，一隻水鷸飛來給牠剔牙齒，這種行為在牠們之間是習以為常的事。鱷魚安靜的伏著，半閉著眼睛，張開口，水鷸用牠的尖利的嘴，輕巧的剔除鱷魚牙縫裡面的殘渣，啄掉牢固的貼在牙齦上的水蛭。這時候，鱷魚總是激動得眼淚雙流。

「我親愛的朋友，」鱷魚流著淚水說，「你給了我很大的幫助，啄掉了我牙縫裡那些該死的水蛭。給我啄吧！我不會虧待你的。我沒有忘記在牙縫裡給你留下一些食物的殘渣，讓你吃得很飽。我們的友誼是牢不可破的，我們的關係是建立在真正平等互利的基礎上的。」

「您太謙虛了，」水鷸說，「我作為您的夥伴是很不夠格的。主要是您對我的恩惠，使我得到這麼豐美的食物。如果我的服務能使您滿意的話，我將感到非常的榮幸。」

牠們就這樣結為親密的夥伴。

有一天，水鷸剔完鱷魚的牙齒以後，鱷魚問道：「我的朋友，你吃飽了沒有？」

「謝謝您，」水鷸說，「我已經很飽了。」

「但是我卻很餓，」鱷魚說，「我還沒有吃午餐呢！」

「真的？」水鷸非常同情地說，「這可怎麼辦呢！您給了我這麼多吃的，很抱歉，我卻沒有一點辦法幫助您。」

「不，」鱷魚說，「你是很有用的，現在只有你能夠幫助我。來，你再來幫我看看裡邊這顆牙齒，這兒似乎還有一條水蛭！」

水鷸小心翼翼的伸過頭去。鱷魚用非常利落的動作，一張口就把水鷸銜住了，連腳尖尾巴也沒有露出一點在嘴外面。牠不動聲色的閉著嘴巴，也不擔心牠的朋友會有什麼掙扎或抗議，牠知道，牠們的友誼絕對不會發生這一切。現在牠只是用牠慈悲的眼睛，十分警覺的環視著四周，希望不致驚動可能與牠合作的新夥伴。

智慧與寓意

在尋找合作夥伴的時候，不能只看眼前是否能夠獲得利益，還要自己分析對自己有沒有潛在的威脅；即使有過成功合作的先例，也不能放鬆警惕，失去戒備之心。

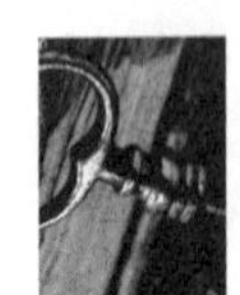

自作聰明的墨魚

海裡有一種長得彎彎曲曲的動物，牠的名字叫做墨魚。墨魚每天在海裡游來游去，常常會遇見敵人。有一次，牠撞上了一條正在覓食的大鯊魚。大鯊魚正餓得發慌，一見這條肥美的墨魚，不禁喜從心起，牠露出一口鋒利的白牙齒，氣勢洶洶的向墨魚直衝過來，要是真的打起來，墨魚哪裡是鯊魚的對手，如果想逃，牠也游不過鯊魚，該怎麼辦呢？

墨魚自有牠的一套本領。原來墨魚肚子裡有個墨囊，這會兒牠趕緊把裡面的墨汁全擠出來，周圍的海水頓時漆黑一片。大鯊魚沒提防到這一點，一頭撞了進去，什麼也看不見，亂衝亂闖，墨魚趁機溜掉了。

這下，墨魚得意極了。牠游到溫暖的淺海處，沾沾自喜的想：我真是本領高強，看來有這護身法寶，什麼都不用怕了。

正想著，墨魚一眼看見不遠處有對父子正在捕魚，心下一陣驚慌：哎呀！要趕緊想辦法把自己藏起來，不然被他們看見就糟了。於是牠又放出墨汁將身邊的一片海水染黑。

這一放，老漁夫本來沒有注意到這邊，但忽然見到海水變黑了，便高興的對兒子說：「快看，那邊一定有墨魚！」於是父子倆順著墨跡追過去，輕而易舉的將這條自作聰明的墨魚抓到了手。

智慧與寓意

墨魚沒有考慮到情況的變化，便將小聰明胡亂施展一通，反而暴露了行蹤而被捕獲，這可真是「聰明反被聰明誤」！

對付不同的對手要採用不同的辦法，千萬不要過分相信自己的能力，或者依仗自己的特長，放鬆警惕，以致給自己招來災禍。

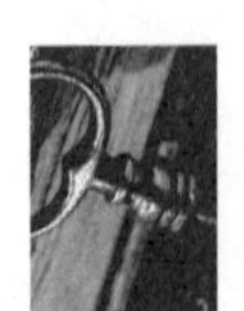

國王的親信

一個小國的國王為了自己的國家不被鄰近的大國侵犯，便與鄰國聯姻，娶了大國國王的妹妹為妻。

她是一個尖酸刻薄而毫不講理的女人。但國王又不能得罪她，生怕她會向自己的哥哥告狀，攻打自己的國家。

後來，國王在外面喜歡上了別的女人，卻又擔心被妻子知道。這時，有一個很會討好國王的人主動為他出謀劃策，為國王設計了許多與情人幽會的方式，國王也視他為親信，國王與情人的事情只有這個親信最清楚。

不久之後，皇后察覺了國王的不軌，就準備找國王的那個親信詢問，因為她知道，只有他最清楚國王的私事。

國王得知這個消息後，立刻找了一個罪名，把那個親信處死了，這樣就沒有人可洩露他的祕密了。

智慧與寓意

在普通的人事關係中，知道祕密絕不是一件好事情。因此，為了安全的保護自己，應該盡量做到：不該問的祕密絕對不問，不該說的祕密絕對不說。

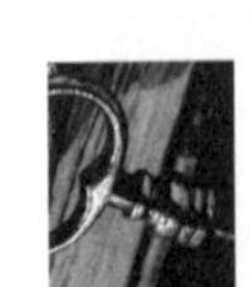

狡猾的狐狸和黑熊

狐狸和黑熊有仇，狐狸心裡一直盤算著如何除掉黑熊。一次，黑熊提出要去闖一闖蛇島：動物們反對黑熊的冒險行動。

黃牛說，蛇島是去不得的，那兒有毒蛇，一旦被牠咬到了會沒命的；猴子說，牠的一個同伴就是在蛇島上被毒蛇咬傷，毒發身亡的，死得慘極了；鷹說，蛇島上的毒蛇確實很厲害，即使我們這些長翅膀的，想對付牠們都十分謹慎，一疏忽就有生命危險。

這時，狐狸說話了：「你們全是膽小鬼。毒蛇的確有毒，但在勇士面前，肯定會嚇得屁滾尿流的，黑熊是誰！牠可是個英雄，膽大心細、勇不可當，只有黑熊才敢向毒蛇挑戰，其他動物，全是窩囊廢。」

聽了狐狸的一番話，黑熊飄飄然，心裡舒服極了，一股熱血直往上湧。黑熊心想：只有狐狸說了公道話，正確評價了自己的能力和本事，別的動物都不把我放在眼中，這次我偏要去蛇島，嚇嚇毒蛇們，讓大家開開眼界，長長見識。

於是，黑熊來到了蛇島。眾毒蛇發現有一個黑傢伙來犯，一齊向黑熊發起進攻。黑熊防不勝防，被毒蛇咬得遍體鱗傷，沒過多久，毒性發作，癱倒在地上。

臨死的時候，黑熊口裡叨念著：「你這比毒蛇還毒的狐狸。」

但是黑熊的醒悟已經太遲了。動物世界的動物只知道毒蛇殺死了黑熊，卻不知狐狸是殺死黑熊的主凶。

狐狸聽說黑熊葬身蛇島，哈哈大笑，說：「這個蠢傢伙，才幾句好話就給打發了，該死！該死！」

智慧與寓意

俗話說：「良藥苦口利於病，忠言逆耳利於行。」在生活中，特別要警惕那些喜歡說奉承話的人，這樣的人往往是別有用心的。

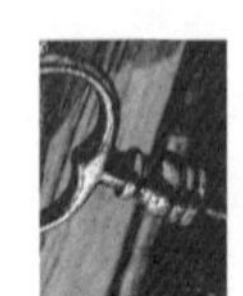

陰險狡詐的皇后

從前，有個國家的國王收到了鄰國國王送來的一個美女，他非常喜歡這個美女，終日和這個美女廝守在一起，漸漸冷落了皇后。

然而皇后並沒有對那個美女表現出絲毫的怨言，相反的，她非常關心這個新人的生活起居。宮中有進貢來的珍寶、絲綢，她都先讓這位新人挑選，宮室裡的臥具，她都吩咐下人按照這位新人的喜好去佈置，而且她經常和這位新人聊聊家常，彼此之間親熱程度就像親姐妹一樣。大家都說，看皇后多賢德呀！她對這個新來的美人簡直比對我們的國王還要好。

國王對她的皇后說：「嫉妒是女人的天性，現在妳明知道我寵幸新人，卻絲毫也不妒忌，而且對新人的寵愛遠遠勝於寡人，這真是難得！皇后，妳真不愧是後宮的表率！」

皇后看到宮內的人包括國王都認為她是一個賢德而又毫不嫉妒別人的人，就放心的對新人說：「我們國王非常喜歡妳的美貌，所以才整日和妳在一起，可是妳知道嗎？國王私下裡告訴我，他不喜歡妳的鼻子。如果下次妳再見到國王，妳一定要遮住妳的鼻子，這樣國王就會更喜歡妳了。」

新人早已把皇后當作自己的親姐姐一般看待了，對她的話當然深信不疑了。於是，每當新人和國王在一起的時候，她就會掩住自己的鼻子，國王對此非常奇怪。

這一天，國王和皇后在一起，他對皇后說：「新來的那位美人不知道為什麼，每次見到寡人都要把鼻子遮掩起來。」皇后裝作神祕的對國王說：「臣妾知道這是為什麼，只是不好說出來。」國王說：「即使不好說，妳也要跟寡人說明白，寡人賜妳無罪。」

皇后對國王說：「她好像是討厭大王您的口臭啊！」

國王聽了這句話，勃然大怒，將美人的鼻子給割了下來。

智慧與寓意

中國古代哲學家荀子在論人性時說：「人的性質如果看來是善的，那是他努力裝扮成這樣的，人性本來就是惡的。」這話未免有失偏頗，但是「防人之心不可無」的古訓我們還是時刻不能忘記的，不管對方的外表偽裝得多麼友善。

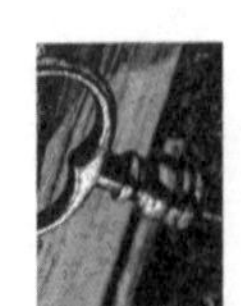

小老鼠和小貓

小老鼠非常聰明可愛，牠學會了許多本領，牠的同伴都誇牠是最優秀的。這年，牠完成了入冬前的準備工作，將大量的糧食搬進自己的洞裡，閒來無事又用鋒利的牙齒將一個大箱子啃破，把成千上萬的書都咬成了碎片。小老鼠高興極了。

牠遇到了小公雞，便自豪地對公雞說：「我能這樣……還能那樣……」小公雞不屑一顧，對著天空打一個嘹亮的響鳴，然後大搖大擺的去刨土裡的蟲子吃了。

小老鼠非常不解：我的同伴都誇我，為什麼小公雞對此無動於衷呢？

小老鼠找到了小豬，小豬友好的向牠點頭示意。老鼠對小豬說：「我能這樣……還能那樣……」小老鼠說啊！說啊！卻見小豬打了個哈欠，呼呼的睡著了。

小老鼠更不解了：為什麼這麼笨拙的小豬也對我的本領不屑一顧呢？

這時候，小貓無所事事的東遊西逛，小老鼠高興的對這隻成天睡覺、曬太陽、打混的小懶貓說：「我能這樣……還能那樣……」

小貓沒說話，伸了個懶腰。小老鼠對小貓說：「我能將堅硬的木箱啃破，將成千上萬的書咬成碎片……我的同伴們都非常佩服我，這你難道也能做到嗎？」

小貓舔著嘴巴懶洋洋的說：「不能，不會，我只知道我現在餓了，餓了就得找東西吃。」

於是，貓把小老鼠吃了。

智慧與寓意

孔子說：「不患人之不己知，患不知人也。」在與人交往的時候，不要急於炫耀自己的本領，最重要的是，努力去瞭解別人，根據對方的特點，調整自己的處世方式。

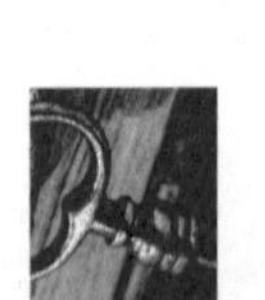

野兔的特性

野兔是一種十分狡猾的動物，缺乏經驗的獵手很難捕獲到牠們。但是一到下雪天，野兔的末日就到了。因為野兔從來不敢走沒有自己腳印的路，當牠從窩中出來覓食時，牠總是小心翼翼的，一有風吹草動就會逃之夭夭。但走過一段路後，如果是安全的，牠就會按照原路返回。

獵人就是根據野兔的這一特性，只要找到野兔在雪地上留下的腳印，然後做一個機關，第二天早上就可以去收取獵物了。

智慧與寓意

兔子的致命缺點就是太相信自己走過的路了。熟悉的人或事常常會使我們產生思想麻痺。一個人太相信自己的經驗，或是太相信某個熟悉的人，絲毫不考慮意外情況，一點都不加以防範，就可能出錯，使自己遭受損失。

借債人和債主

有個人向人借了六兩銀子，講好一兩月息為五分，一年終了利息共是三兩六錢。一年已到，借債人向債主請求找還四錢，換一張十兩的借條，債主同意了。

第二年終，照十兩計算，利息應是六兩，那人又不能還，便請求再找回四兩，換一張二十兩的借條，債主又同意了。

第三年年終，照二十兩計息連本帶利共為三十二兩，他又不能還，便請求找還八兩，再換一張四十兩的借條。

債主遲疑不決，借債人發怒道：「你好沒良心啊！借你的本利錢，哪一年不算得清清楚楚的，零頭都找清了，你怎麼還不乾脆呢？」

智慧與寓意

現代的社會，仍然有些人借了別人的錢，不但不思歸還，還要變本加厲的一再增加債務，借錢給別人的時候，一定要慎重啊！

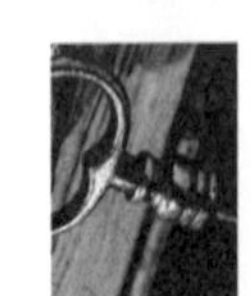

不懂裝懂的老鼠

一隻居住在圖書館裡的老鼠和一隻居住在糧倉裡的老鼠相遇了。

圖書館裡的老鼠擺出一副學者的架子，傲氣十足地對糧倉裡的老鼠說：「可憐的傢伙，為了糊飽肚子，你們甘願住在乾燥、憋悶的穀倉裡。那裡除了稻穀之外什麼也沒有。可想而知，只有物質滿足，缺乏精神享受的生活該有多麼乏味啊！圖書館裡是多麼安靜啊，古今中外，經史子集，我都能見到。」

「這麼說，您一定是位知識淵博的學者嘍。」糧倉裡的老鼠虔誠地說道。

「咳，這有何難。它們的一字一句我都要細細咀嚼，一頁頁裝進肚裡。」

「這太好了，我正有一事需要像您這樣知識淵博的老兄幫忙。」說完，糧倉裡的老鼠把圖書館裡的老鼠帶到一座糧倉裡，指著牆角的一個瓶子說：「您認得字，請看看這標籤上寫的是『香麻油』還是『滅鼠藥』。」

圖書館裡的老鼠根本不認識字。看見標籤上三個黑糊糊的大字，是「香麻油」還是「滅鼠藥」？就在牠進退兩難之時，有一股香油味從瓶口飄出，於是牠就憑直覺猜測斷定：「這是香油。」

「真的？您看清楚了嗎？」

「沒錯，不信，我先喝給你看。」為了證明自己博學，同時也是為了一飽口福，圖書館裡的老鼠扳倒瓶子就喝了起來。誰知只喝了幾口，就渾身抽搐，不久，便四腳一蹬，死了。

後來，糧倉裡的老鼠才知道，瓶子上寫的是「滅鼠藥」。

智慧與寓意

與有一說一、樸實、率真的品格相比起來，不懂裝懂是一種很糟糕的品格，它能使人逐漸變得虛榮和不誠實起來。這樣的人一旦遇到需要真本事的時候會馬上露餡，而且還可能給自身帶來難以預料的災害。為人還是坦誠、老實些好。

有錢的少爺和賣馬鞭的人

有一天，市場上來了個賣馬鞭的人。他的馬鞭看上去似乎並不怎麼樣。

有個人問他：「喂，賣馬鞭的，你的東西多少錢呀？」

他開口就把人嚇一跳：「五萬錢。」

買東西的人說道：「你是不是瘋了？這種馬鞭人家才賣五十錢，你怎麼賣這麼多錢呢？五十錢怎麼樣？」

賣馬鞭的人忽然笑了起來，腰都笑彎了，理也不理他。

這個人又試探道：「那五百錢呢？」

賣馬鞭的人顯出很生氣的樣子。

這個人知道這馬鞭不值什麼錢，存心逗逗他，又說：「五千錢總該行了吧？」

賣馬鞭的大怒道：「你不想買就走，不用囉嗦，我是一定要五萬錢才賣的！」

這時，有個有錢的少爺來買鞭子，見這賣鞭子的態度如此堅決，以為這鞭子真的有什麼獨到之處，就出五萬錢買了下來，然後，他就拿著這根昂貴的馬鞭，到處去給人看，炫耀說：「瞧我這根馬鞭，值五萬錢呢！」

有識貨的人拿過馬鞭仔細看了看，只見鞭梢捲曲著，一點都不舒展，鞭把也歪歪斜斜的，木質更次，已經朽了，漆紋粗劣得很，拿在手裡也感覺不到有什麼份量。於是，他直截了當的問這個闊少爺：「這根馬鞭究竟有什麼稀罕的地方，值得你花五萬錢買下它呢？」

闊少爺裝模作樣的說：「我喜歡它金黃耀眼的顏色，那個賣鞭子的人還說了很多好處呢！」

那人也不便多說什麼，就將馬鞭浸在熱水裡，不一會兒，鞭子就扭曲了，收縮得厲害，金黃色也都掉了。

原來這顏色是用梔子染的，光澤也是用蠟塗上去的。

闊少爺也明白了鞭子是劣等貨，但又不願丟面子，只得打腫臉充胖子，還是拿這馬鞭用了三年。

有一次，他騎馬出去遊玩，舉起鞭子抽馬時力氣稍用大了點，鞭子竟馬上斷成了六截，他也從馬上跌下來，還受了傷。而那斷了的鞭子，原來只有一個空殼，裡面什麼也沒有，已經朽成一堆土。

智慧與寓意

在生活中不要去做「花錢買面子」的蠢事。如果一個人只圖虛名而不注重實際的話，是注定要吃虧上當的。

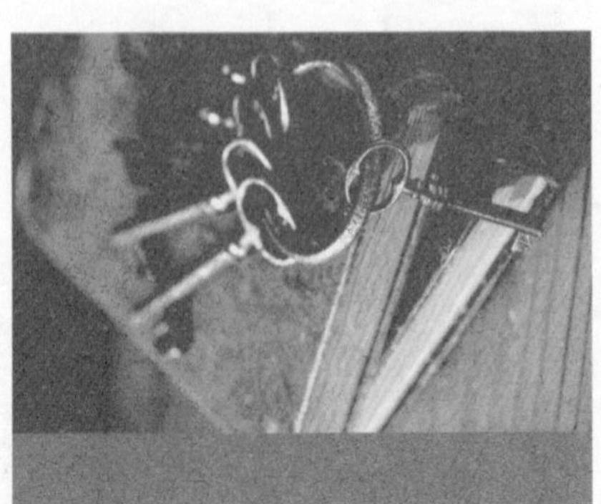

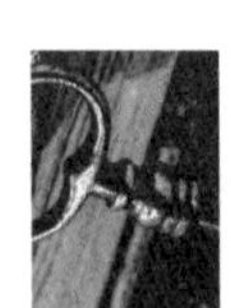

假冒的文人雅士

有一戶有錢的人家，生了個兒子，從小沒讀什麼書，骨子裡粗俗不堪，卻偏偏愛裝成個文人雅士。

一次，這人要到衙門去遞狀子，以便追回人家欠他的債務。他心想，如果縣官看自己是個知書達理的人，肯定會站在自己這一邊，打贏官司就會容易多了。於是他對縣官謊稱自己是秀才。縣官見他跪在地上，仔仔細細地打量了好久，心中疑雲頓生。縣官想：這個人獐頭鼠目，形象猥瑣，言語也粗俗得很，哪裡像個秀才呢？接著又轉念一想：人家都說「人不可貌相，海水不可斗量」，我也不能妄下判斷。對了，我來考他一考吧，看他是否貨真價實。

主意打定，縣官便開口問他說：「既然你是秀才，那你且先說說『桓公殺子糾』這一章應該怎麼講？」

這個人哪裡知道縣官是在考他《論語》裡的句子呢，一聽這話，大驚失色，渾身嚇得直抖，心想：完了，出了人命案子了，老爺怎麼偏偏問我呢？難道是懷疑我跟這樁命案有什麼牽連嗎？於是他磕頭如搗蒜，連聲大叫道：「青天大老爺，我冤枉啊，小人確實不知道其中的實情啊，老爺明察！」

縣官聽了，又好氣又好笑，低聲自語道：「果然是個冒牌貨，竟敢騙到我的頭上來了！」接著，就命令手下的衙役把這人按倒在地，重打二十大板，直打得他皮開肉綻，哭爹叫娘。

這人一瘸一拐地出了衙門，對他的僕人說：「這位縣官太不講理了，硬說我阿公打死了翁小九，把我打了二十大板。」

僕人問明是怎麼回事後，就對他說：「這是書上的話呀，你姑且答應他，說你略知一二不就應付過去了嗎？」

這人一聽，趕緊拚命搖頭說：「哎呀呀，你可別再害我了，我連叫不知情都還被他打了二十大板；如果說知道，那豈不是要抓我去償命嗎？」

智慧與寓意

「說老實話，辦老實事，做老實人。」是每個人都應該奉行的原則；假充內行，到處招搖撞騙的人，最終會得到教訓。

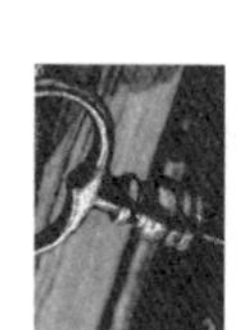

塗一點油在門鍵上

從前有一位老人，無論走到什麼地方，身邊總帶一小罐油。如果他走過一扇門，門上發出輾軋的響聲，他就倒一點油在鉸鏈上。如果他遇到一扇難開的門，他就塗一點油在門鍵上。

他一生就是這樣做加油的工作，使他以後的人得到便利。人稱他怪人，但這位老人依舊做他的潤滑工作，罐子裡的油用完了再裝，裝好了再用。

有許多人，他們每天的生活很不和諧，發出粗糙的碾軋聲，他們需要喜樂，溫暖柔和關懷的潤滑油。

你身上有沒有「油」呢？從早到晚的分給別人，從你最近的人分起。也許你早晨分給他的油，就夠他一日的潤滑之用。

智慧與寓意

在人生的道路上，有許多人，我們也許一生只會遇到一次，以後永遠不會再相逢了。很多因諸多勞累而變得僵硬的生命，可以用慈愛的「油」使之柔軟。把喜樂的「油」分給沮喪的人，對絕望者說一句鼓勵的話，伸出熱情的手，去撫慰一顆疲憊的心靈，這是何等有意義的事！

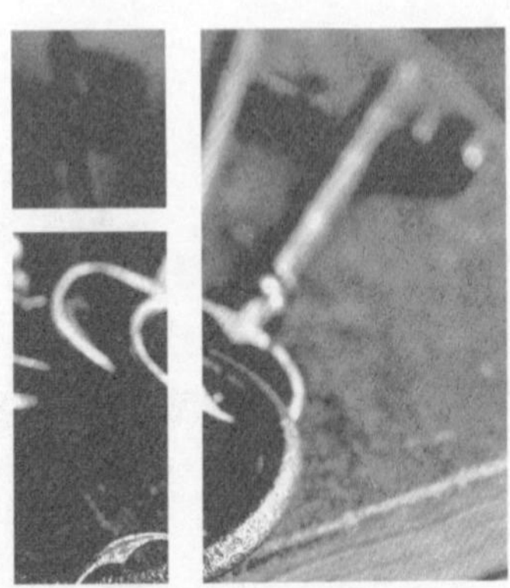

性子暴躁、喜歡生氣的人

從前，張三和李四兩個人閒來無事，待在屋子裡聊天。張三對李四說：「有個和我一起共事的人，名字叫做王五。王五的脾氣可暴躁了，動不動就會發火，一發起火來可不得了了，又拍桌子又摔東西，搞不好還會打人呢！我們平時都很害怕他，不敢和他爭執。」李四說：「真的嗎，果真有這樣火爆性子的人？」

兩人正說著，王五正巧從屋外經過，窗子開著，張三的話全都清清楚楚地傳到他耳朵裡。

王五頓時大發雷霆，面紅耳赤，脖子上的青筋一根根地凸出來。他大步跑到屋門口，氣勢洶洶的使勁一踹，把門踢開，衝進屋裡，見了張三，一把抓住他的領口，不由分說的對準臉部就是重重一拳。張三被打得踉蹌著退了好幾步，一屁股坐在地上，血從他的鼻子裡慢慢流了下來。

王五還覺得不解恨，也不管張三一迭聲的叫饒，過去騎在他身上，抬起拳頭打個不停。

李四見狀，趕忙過去勸解。費盡九牛二虎之力，他終於把王五拉開，問他說：「你為什麼要打張三呢？」

王五氣呼呼的回答說：「我哪有性子暴躁的毛病，又什麼時候亂發過脾氣了呢？他這樣誣蔑我，我當然要好好教訓教訓他！」

李四說道：「你現在這樣做不正是性子暴躁、喜歡發火的表現嗎？張三並沒有說錯啊，你又為什麼要對自己的缺點諱莫如深呢？」

智慧與寓意

只要學會寬容和忍耐，善於聽取別人的意見，才能不斷完善自己。有了缺點不要忌諱別人說，「有則改之，無則加勉」才是正確的態度。

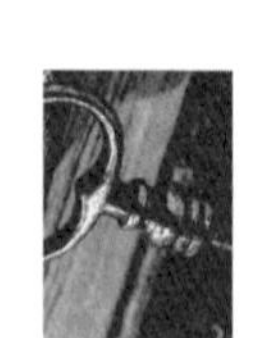

被老鼠捧暈的貓

貓兒捉到一隻老鼠。牠用腳爪把老鼠按在地上，準備吃掉。

老鼠說道：「貓大王呀，我佩服你。你的確是英雄，我能為英雄獻身，供你充飢，死而無憾。不過，我和一般老鼠不同，我是一個音樂家，請允許我在死前唱一首歌。」

貓兒詫異的說：「呵！你是音樂家，會唱歌？」

「是呀，我是音樂家，我有非常優美的歌喉，我忠於我的事業。請大王允許我死前唱一首歌，我要為你唱一首《英雄的讚歌》。這樣，我死也瞑目了。」

貓兒想：又能聽音樂，又能吃鼠肉，一舉兩得，何樂而不為。便說：

「好，你唱吧，我倒要聽聽你的歌唱得怎樣？」

「你把我按在地上，我怎麼能唱？請讓我站起來唱。」

貓兒不答應。

老鼠又說：「貓大王，你是偉大的英雄，我已在你的手掌之中，還怕我這個小小的老鼠逃走不成？」

貓兒想：哼，料你也不敢逃。便說：「好，我允許你站起來唱歌。」

貓兒一放開腳爪，老鼠乘機一竄，便逃進鼠洞去了。

貓兒趕緊撲過去，卻撲了個空。

智慧與寓意

一般說來，人都喜歡別人奉承阿諛，因此，凡是對你別具用心，或另有所圖的人，勢必投你所好，阿諛你一番。當你陶醉在阿諛之中，你就落入他的圈套之中了。

丹麥有句諺語：「諂笑之友，是你最可怕的敵人。」這句話值得我們深思和牢記。

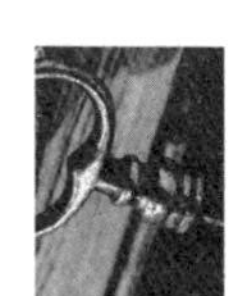

互不相讓的兩個人

有這麼三個人，性情愛好各不相同，又同住在一間屋子裡，常常為一些事情爭論不休。

一天，甲從外面回來，由於在外面趕路便覺得燥熱，一進門便嚷著屋裡太悶太熱，隨手將門窗全都大開。乙在家待了一天，哪裡也沒去，正覺渾身寒冷，便責怪甲不該打開門窗。

兩個人互不相讓，一個要開，一個要關，一個說悶，一個說冷，為一點小事鬧了好半天。丙從外面回來，一聽甲、乙各自的說法，心裡便清楚是怎麼一回事了，可是甲和乙都認為丙這個人天性愚笨，因此根本聽不進丙的勸解，都認為只有自己才是對的。

又一次，乙從集市買回一個紙糊的燈籠，一進門便遭到甲的反對，甲責怪乙沒買綢罩的燈籠，綢罩的燈籠又好看又高貴；乙則說紙糊的燈籠點亮後一樣漂亮，價錢卻要比綢燈籠便宜好多。甲說紙燈籠雖然便宜，但不如綢燈籠耐用；乙說買一個綢燈籠的價格可以買十個紙燈籠；甲說寧買一個綢燈籠也不要十個紙燈籠；乙說十個紙燈籠可變換花色樣式……丙夾在兩人中間，一會兒勸甲，一會兒勸乙，可是依然不能使甲和乙停止爭吵。

智慧與寓意

甲和乙在爭吵時總是強調自己的理由，只注意自己對的一面，卻看不到自己的偏激。而丙，雖然比甲、乙要笨一些，但由於他沒有參與爭吵，所以他能較客觀地看問題，所以他能判斷誰是誰非。

為人處世不能只站在自己的立場上，從自己的角度考慮問題，主觀偏激，固執己見，而是應該客觀冷靜，換一個角度思考一番，看看別人的想法是不是也有一些道理。

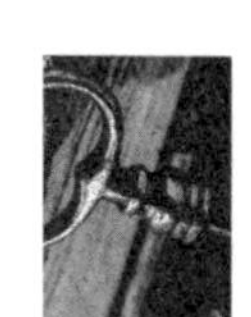

蓬雀與大鵬

傳說古代在很遠很遠的北方，大地以草木為毛髮，而那個地方氣候異常的寒冷，草木不生，於是人們把那個地方叫「窮發」。

在那個草木不生的地方，有一片大海，是大自然造就的一片遼闊的水域。在這片水域中，生活著一條碩大無比的魚，這條魚的身體有幾千里寬，而牠的身體有多長呢？誰也說不清楚，這條大魚的名字就叫做鯤。

有一天，這條大魚變作了一隻鳥，也同樣是大得不可思議。這隻鳥的脊背有泰山那樣高大，雙翅一展，就像是掛在天空的雲彩遮住了半個天空，這隻鳥名叫鵬。

這隻大鵬鳥打算從北海飛到南海一遊，牠扇動起兩個巨大的翅膀，盤旋直衝天空而形成一股狂流，大鵬鳥直飛到九萬里的高空，那是一個連雲氣都達不到的地方。大鵬的脊背幾乎是緊靠著青天了，然後牠再準備朝南海的方向飛去。

有一群小蓬雀活動在一片灌木叢中，整天聚集在蓬刺矮樹間跳來跳去、嘰嘰喳喳，倒也自得其樂十分滿足。當牠們聽說了大鵬鳥飛上高空九萬里的事情後，十分驚訝與困惑，牠們嚷嚷道：「簡直是發瘋了，發瘋了。牠幹麼要飛那麼高呢？牠到底想做什麼呢？」

其中一隻蓬雀以一種評論家的口氣說：「我跳躍著向上一飛，也不過幾丈高就落下來，我在灌木叢中飛來飛去，悠然自得，我這就是世界上最好的飛翔了，那隻奇怪的大鵬為什麼要飛那麼高呢？飛那高有什麼意義呢？」

智慧與寓意

一個志向遠大、努力奮進的人，總是會受到一些世俗的庸人的嘲笑和非議。當別人不理解我們，甚至嘲笑我們的時候，不一定是我們錯了，也可能是因為別人的淺薄無知。

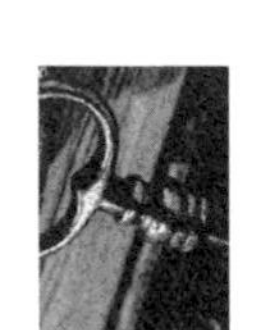

仇人墜入冰窟之後

柳村的張、李兩姓乃三代仇家，前些年還時有鬥毆發生。

一天，老張、老李從集鎮夜市出來，湊巧同時走上返村之路，仇人相見，互不搭理，兩人一前一後，相距一丈多遠，各自趕路。

走著走著，老張突然聽到走在前邊的老李「啊呀」一聲驚叫，上前一看，原來是老李誤入小河，墜入冰窟。月色下，只見他兩隻手掙扎著來回晃動。老張急中生智，折下一段柳枝，將枝梢遞到老李手中，將其拖離險境。

老李被救上岸，問道：「為何救我？」

老張回答：「為了報恩。」

「報恩？恩從何來？」

「你救了我啊！」

「我怎麼救了你？」

「這條路上，今夜只走著你我兩人，倘若不是你那一聲『啊呀』，第二個墜入冰窟的就是我，我豈有知恩不報之理？」

在月光下，老張、老李當年曾互相打鬥過的雙手，此時緊緊的握在一起了。

智慧與寓意

俗話說：「多一個朋友多一條路，多一個冤家多一堵牆。」盡量寬容些，努力化敵為友才是最明智的做法。

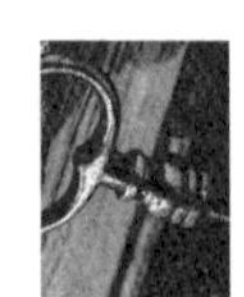

烏鴉和狐狸

一隻狐狸獨自下山，偷偷摸摸的來到山腳下的村子裡，看見村民正把一塊塊的醃肉拿出來晾曬，而且沒留人看守，牠就悄悄的偷了一塊肉藏到離房子不遠的一棵大樹底下，然後又返回去再偷一塊。

停在樹枝上的一隻烏鴉親眼看到狐狸所做的一切，就飛了下來，把那塊肉叼到樹上去吃。狐狸回來時，找不到剛才放在樹底下的那塊肉，猜是有誰拿去吃了。正在這時，烏鴉在樹上吃肉落下些碎肉渣，被狐狸發現了，牠抬頭一看，見烏鴉站在樹枝上嚼肉，十分惱火，便破口大罵：

「不要臉的烏鴉，自己生來沒本事去逮動物吃，卻跑來偷別人的肉。你如果有能耐去找食，何必當小偷？你是個十足的下流坯子，一個害人精，你最好去死，別這樣不知羞恥的活著！」

烏鴉聽了，反過來對狐狸說：「如果是這樣的話，你就應該先去死。」

「為什麼？」狐狸勃然大怒，高聲問。

烏鴉哈哈大笑起來，回答說：「因為是你先偷別人的肉。」

智慧與寓意

只有具備嚴於律己，寬於待人的良好品格的人，才會正確的估計自己與對待別人，謙虛謹慎，與人為善，不會發現別人一點小錯就抓住不放，卻不願反省自己言行的不妥之處。

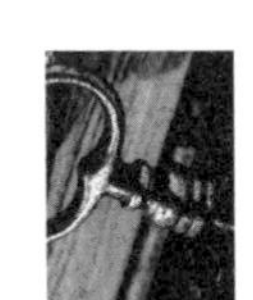

善於跳躍的靈猿

在原始的大森林間，到處都生長著高大挺拔、鬱鬱蔥蔥的喬木，如葉形橢圓的楠木、葉子對生的梓樹、可防蟲蛀的樟樹、可做染料的櫟樹等等。它們枝繁葉茂，遮天蔽日，令人望而生畏。

有一種善於飛騰、跳躍的靈猿，生活在這原始大森林裡，恰似如魚得水。牠們在這些又粗又直的喬木之間輕盈敏捷地攀緣，時而躍上，時而落下，不時還會扯住一根籐蔓，盪到另一棵大樹的樹杈上去小憩片刻。

牠們在大森林內嬉戲玩耍，逍遙自得，神氣活現，好不威風，儼然就像這深山老林中的君王一般，誰也奈何牠不得。由於牠們的身體十分靈巧，行蹤無定，哪怕是像后羿、逢蒙那樣的神射手，恐怕也沒有辦法去瞄準牠。

然而，若是將這群靈猿趕到一片荊棘叢生的灌木林中去生活，那就會變成另外一番景象了。那裡儘是生有長刺的柘樹、滿身棘刺的酸棗、味道酸苦的枳樹等等。

在這些渾身長刺的灌木叢中，靈猿再也不敢輕舉妄動了，牠們無樹可攀，無枝可跳，善於騰躍的本領無法施展，稍有行動，往往就會被繁枝利刺扎得疼痛難忍，真可謂是危機四伏。因此，牠們只能小心謹慎地在林間東張西望，左顧右盼，戰戰兢兢的爬行，全身緊張得直打哆嗦，好不淒惶！

同樣是這群靈猿，為什麼在喬木林和灌木叢中的表現竟有天壤之別呢？這並不是由於靈猿的筋骨突然得了什麼急病而變僵硬了，而只是因為後來所處的環境，使牠無法充分施展其攀緣騰躍的本領所造成的結果啊！

智慧與寓意

任何一種技能技巧能否得以充分施展，除主觀努力外，客觀環境也是必不可少的，有時甚至還會起決定的作用。由此可見，為了更充分地施展自己的才能，不可不重視對工作環境和職業的選擇。

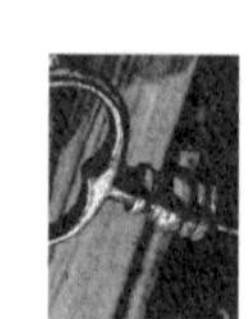

良弓和利箭

有一個人背著一把大弓，四處遊歷。他那張弓確實是漂亮，雕花的弓彎，上好牛皮條做的弓弦，但就是空背在背上，英雄無用武之地。有人上前好奇的問他說：「為什麼只見你有弓而沒有箭呢？」

那人驕傲的回答說：「我的弓是最好的弓，可惜還沒有發現可供它使用的箭！」

又有一個人拿著一支箭，到處閒逛。他那支箭的確是支好箭，箭頭包著銀，銳利而閃閃發亮，箭尾上帶著漂亮的羽毛。可是這支箭只能一天到晚提在這個人手中，無法實現它高遠的理想。

有人走過去不解的問：「怎麼你只是手裡拿著一支箭空閒逛，你的弓呢？」

那人不以為然的笑笑說：「我這支箭太好了，舉世無雙，可惜還沒有見到能發射它的好弓！」

這兩個人的話被后羿聽見後，后羿立即找到那個有良弓的人，又找到那個有利箭的人，對他們說：「你們的弓和箭的確都是上等的。可是，你的箭再好，不用弓發射，這支箭也只能束之高閣或被你永遠地握在手中。再說你的弓，再好的弓如果沒有箭，也只能是張空泛無用的弓。」

這兩個人聽了后羿一番話，似乎有些明白了。於是后羿對他倆說：「來，把你們的良弓、利箭合在一起，我來教你們射箭，你們再來真正領略一下你們的弓和箭好在哪裡吧！」

智慧與寓意

現代社會的競爭越來越廣泛，越來越激烈，單打獨鬥的時代已經過去，合作變得越來越重要。一個缺乏合作精神，不善於合作的人，很難有所作為，發揮出自己的能力。

接受遺產的三兄弟

一個老人將不久於人世，他把三個兒子召喚到病榻前說：「親愛的孩子們，你們試試能否把這捆箭折斷，我還要給你們講講它們捆在一起的原因是什麼。」

長子拿起這捆箭，使出了吃奶的力氣也沒折斷，「把它交給力氣大的人去吧！」他把箭交給了老二。二兒子接著使勁折，也是白費氣力。小兒子想來試試也只是浪費時間，一捆箭沒折斷一根，還是原樣子。

「沒有力氣的人，」父親說，「你們瞧瞧，看看你們父親的力氣如何？」三個兒子以為是說笑話，笑而不答，但他們都誤會了。只見父親拆開這捆箭，毫不費勁的一一折斷每一羽箭。

「你們看，」他接著說，「這就是團結一致的力量。孩子們，你們要團結，用手足情意把你們擰成一股繩。這樣，任何人也不能打垮你們。」這是他在患病期間說得最多的一次話。

不久，他感到要撒手西歸了，就對孩子們說道：「親愛的孩子們，我要走了，永別了。答應我，你們發誓：要親如手足，在臨終前我要得到你們的回答。」三個兒子哭成淚人般向父親保證，父親一一拉著他們的手，溘然長逝了。

三兄弟清理物品時，發現先父留下的遺產相當多，但留下的麻煩也不少，有個債主要扣押財產，另一個鄰居又要到法庭起訴。開始時，三兄弟還能協商處理，問題很快得到解決。然而這兄弟之情是如此的短暫，雖有共同的血統，但各自的利益促使他們分離，慾望、妒忌和法律問題困擾著三兄弟，他們爭吵、分家，致使法官在許多事情上對他們一一課以處罰。

債主和鄰居重新翻案，一個說錯判要重新起訴，另一個則由於前次訴訟不合手續又提出申訴。不團結的兄弟們內部分歧更大，互相使壞，最後他們失去了全部家產。當想起捆在一起又被拆散的箭和父親的教誨時，為時晚矣。

智慧與寓意

俗話說：「團結力量大，家和萬事興。」但是，現實生活中的很多人恰恰因協調不好內部關係而造成巨大的「內耗」，這是非常可悲和可惜的。

兩隻螃蟹

螃蟹是有兩隻螯和八條腿的節肢動物，靠在泥中尋食生存。

一天，有兩隻螃蟹下到一個坑中去尋食。吃飽後牠們想爬出這個土坑，但是由於嫉妒、貪婪和自私，兩隻螃蟹互不相讓，爬不出來了。

這隻向上爬時，那隻就擋住，兩隻便同時掉了下去。那隻試著往上爬時，這隻就攔住，於是兩隻又一起滾了下去。

儘管牠們有像鉗子一樣堅固的螯和強勁的腿，本來不會打滑，但是牠們沒有爬出坑來。

牠們呼吸不到外界清新的空氣，也看不到明媚的陽光。牠們繼續糾纏在穢氣濃重和使其灰心喪氣的黑暗中，誰也不讓誰。直到兩隻螃蟹全都死在了本來只要相互合作就可以爬出的坑裡。

智慧與寓意

在人生中面臨著許多競爭，懷有一定的競爭意識是沒有錯的。但是，為了取得更好的效果，也不可忽視了合作精神，重視團結合作，才能克服巨大的困難，完成許多複雜的任務。

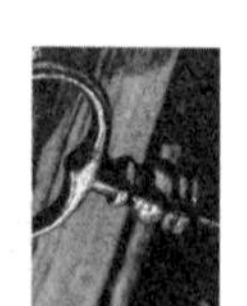

猿和王孫

在猴的家族中，有一類叫猿的，有一類叫做王孫的，牠們雖同屬猴族，可是不同類。猿和王孫的性情、生活習慣等都有很大的不同，牠們分別居住在不同的山上，彼此間很不友好，互不相容。

猿們大都很安靜，舉止穩重，性情溫和，牠們居住在一起，老幼強弱彼此愛護。有了食物，牠們彼此相讓著吃；出外時，牠們列隊行走，很守紀律；走到溪邊飲水，都是井然有序。

如果行走途中有誰不幸走失了，猿群便發出悲哀的叫聲，呼喚著那離散的夥伴。當牠們遇到有危險，猿群便會馬上緊緊靠在一起，讓弱小的猿藏在中間不至於受到傷害。猿對人類也很友好，牠們不踐踏人們種的莊稼，也不去毀壞人們種的蔬菜。在牠們居住的山林裡，到處長滿了野果子，當樹上的果子還沒成熟時，猿們從不去破壞它，還輪流著盡心看守果樹；等到果子成熟了，猿們便呼喚大家都來，聚集在一起才開始吃，顯得十分和睦溫馨。

猿和王孫

山中生長的那些小草、小花，猿也從不去侵犯、踐踏、摧殘，當牠們要經過那些長著花、草的地方時，總是繞道而走，盡量保護著草木。所以，猿居住的山林常常是鬱鬱蔥蔥。王孫類就大不相同了。牠們性情暴躁且放肆，即使是同一群王孫，互相之間也不能和睦相處。牠們吃起東西來，互相搶奪撕咬，誰也不讓誰。遇到外出，王孫們毫無紀律可言，既沒有隊列，也無秩序。

喝起水來，一團亂糟糟，又是嚎又是叫。若是有誰走散了，絕沒有同伴思念、憐憫牠；遇到危難，更不用說，牠們往往就推出弱小者做犧牲品以便自己脫身。

平時，牠們恣意踐踏、損壞人們種的莊稼，還以此為樂，王孫所到之處，全被搞得七零八落。山林中，樹上的果子還沒有成熟，就亂咬亂扔，牠們還常常偷吃同伴的食物。山中的小花、小草，常遭王孫們的踐踏。牠們肆意摧殘草木，將草木折斷、拉彎，直到草木枯槁了才罷休。因此，王孫們居住的山林也就常常荒蕪不堪。

智慧與寓意

環境造就人，人也影響環境。為了道德和諧、優美的環境，我們要善於約束自己的言行，不能隨心所欲，不顧別人的感受，只追求對自己有利。

吝嗇鬼

有個人的鄰居是個十分慳吝的人，人們都叫他吝嗇鬼。吝嗇鬼家裡糧滿倉、柴成垛，可他還總是裝窮叫苦，佔別人的便宜。

一天，吝嗇鬼家裡來了客人，吝嗇鬼把酒肉都藏了起來，裝著很為難的樣子，到鄰居家借了幾顆菜、一小盅油，回家煮了點稀飯「招待」了客人。晚上，等客人走後，吝嗇鬼一家才又重新做了香噴噴的飯菜，舒舒服服吃了一頓。其實吝嗇鬼家的生活是很富裕的，可是他總希望著更加富裕。

這天，吝嗇鬼忽然想起來要去祭土地神，因為他覺得土地神是能保佑他更加富裕的神。祭神是需要獻上供品的，吝嗇鬼希望土地神賜給自己更多的財富，卻又捨不得投入一點點供品。面對著家中的大米、白麵、魚肉、好酒，吝嗇鬼開始發愁了。他摸了摸雪白的米飯、饅頭，聞了聞香噴噴的臘肉燻魚，碰了碰蓋得嚴嚴實實的成罈的老酒，最終還是沒捨得拿出來。

吝嗇鬼狠下心、咬咬牙，拿了半碗大米到鄰居家換了一碗小米飯，從當天吃剩的菜中挑了三條小魚，又將未喝完的半瓶酒帶上，就很慷慨的出了家門。

到了土地神住的廟中，他擺上那些不像樣子的供品，認真的祈禱說：「土地爺爺，我拿了酒、魚、米飯來供奉您老人家，請您保佑我有更多的財富吧！讓我那乾旱的山坡地也都長出茂盛的莊稼；讓我那水澇的湖窪地也都收穫上萬石的糧食吧！請將我的這些財富和您的保佑傳給我的子孫後代，讓他們也年年豐收，永遠獲得源源不絕的財富吧！」

智慧與寓意

即使土地神很靈驗，但吝嗇鬼怎麼有可能如願呢？在生活中，只知道無止境的向別人索取，卻不考慮對別人也應有所付出、有所奉獻的人，很難得到別人的支持和響應，因此，他們也很難達成自己的目的。

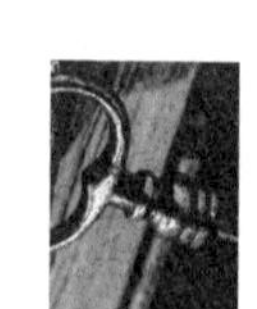

水亭上的蛀蟲會議

花園的池沼上有個木材結構的水亭，幽雅別緻。後來裡面生了蛀蟲。蛀蟲們倒空水亭的柱子、橫梁、椈頭、簷角，在裡面十分優哉，自得其樂。

等到木頭的表皮終於蛀穿，蛀蟲們發現了自己所處的位置，不覺都寒心了。因為牠們看到，下面是水，如果水亭一旦倒塌，牠們也都會遭到滅頂之災。

蛀蟲們召開了緊急會議，會議上大家激昂慷慨，發表了許多非常正確的意見，提出了非常正確的議案。為了使水亭免於倒塌，挽救牠們自身的命運，急需採取的措施，就是全面停止蛀蝕。最後全體一致通過了決議。

每一條蛀蟲都稱讚這是一個很好的決議。不過每一條蛀蟲都想，這麼大一個水亭，自己蛀那麼一點，關係是不大的。牠們都這麼想，也都這麼做，對水亭的蛀蝕一點也沒有減少。

事情發展得日益嚴重。會議不斷的召開，停蛀的呼聲更為激烈，決議的措詞也更為嚴厲而迫切。但情況依然如故，每條蛀蟲回去照例蛀各自的一點點。

直到有一天，水亭終於倒塌了，淹沒了，蛀蟲們的會議也到此收場了。

智慧與寓意

樹立良好的風氣，一定要從我做起。如果人人都有想耍小聰明、佔小便宜，最終大家都會遭受損失。

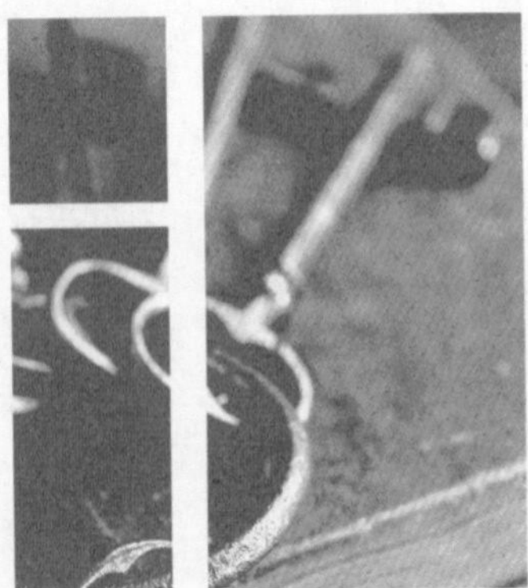

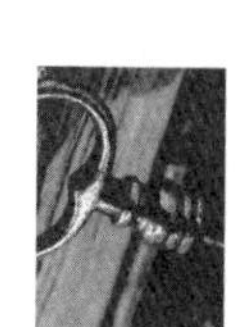

瞧不起自己同伴的黑雁

一隻黑雁從小生長在雁群中，但是後來牠覺得自己和其他夥伴越來越格格不入了。因為隨著牠的不斷長大，黑雁的身軀變得比一般的夥伴都要龐大，而且最主要的是牠一身黑色，這樣看來，牠簡直就是這個群體中的異類了。

雖然同伴們並沒有因為牠的與眾不同而排擠牠，但是黑雁卻瞧不起自己的同伴。「牠們一個個那麼瘦小，真是可悲，而且顏色還那麼難看，哪有我這種黑色高貴！哦！生活在這樣一個家庭裡真是太不幸了，我本來應該和黑色的烏鴉生活在一起的……」

黑雁覺得烏鴉的生活很有情調，就像一位高貴的黑衣婦人，可以整天什麼都不做，閒的時候還可以唱唱歌。於是，黑雁一心一意想要搬去和烏鴉同住。可是，烏鴉發現黑雁長得和自己不一樣，而且聲音也不一樣，因此不想讓牠和自己一起住。

烏鴉帶著厭惡的口氣說：「難道你不知道嗎？你和我根本就不是同一類，你再怎麼高貴也只是一隻大雁，我不會喜歡你的……」

吃了閉門羹的黑雁無可奈何，只好回頭去找牠原來的夥伴。

「你不是看不起我們嗎？和我們在一起會給你丟臉的，你還是走吧，這裡沒有人歡迎你！」

於是黑雁只好孤單的離開了雁群，在天空中發出淒涼的叫聲。

智慧與寓意

俗話說：「物以類聚，人以群分。」不要瞧不起你的同伴，也不要過分愛慕虛榮，削尖了腦袋拚命往「上層社會」擠。否則，你就會脫離群體。

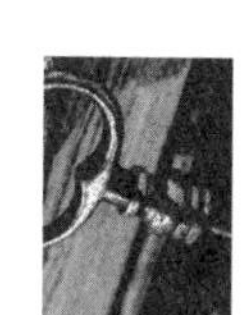

溫柔的羊和自視強大的狗

一次，國王問大臣：「為什麼世界上只有成群的羊而沒有成群的狗呢？」聰明的大臣沒有正面回答國王，而是做了一個實驗。

快到傍晚的時候，他陪著國王來到兩間屋子前，命人先將一百隻羊放入一間屋子，並在裡面放上一些青草；又命人將一百條狗放入另一間屋子裡，並在屋子裡放上了許多肉餅。然後將門鎖好走了。

第二天清晨，他請國王觀看兩間屋子。

第一間屋子裡的羊們安然的睡著，那幾捆青草早已被吃光了；當打開第二間屋子時，國王嚇壞了，裡面血腥味撲鼻，許多狗已經奄奄一息，而那些肉卻仍然完好的躺在食槽裡。國王迫不及待的問大臣為什麼？

大臣平靜的說：「羊在利益面前，善於合作，而狗則鉤心鬥角，為利益相互殘殺，可能這就是為什麼世界上只有成群的羊而沒有成群的狗的原因吧！」

溫柔的羊似乎無論從哪方面看，都不如那些自視強大的狗，可是，正是這些溫柔，羊才能夠享受到美好而和諧的群居生活。

智慧與寓意

合作是一種明智的抉擇。善於合作，才能享受到和諧的生活；而鉤心鬥角，互相敵視的結果往往是兩敗俱傷。

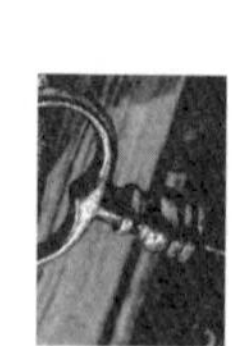

沙漠與海洋的談判

有一天，沙漠與海洋談判。

「我太乾，乾得連一條小溪都沒有，你卻水太多，變成汪洋一片。」沙漠建議，「不如我們來個交換吧！」

「好啊！」海洋欣然同意，「我歡迎沙漠來填補海洋，但是我已經有沙灘了，所以只要土，不要沙。」

「我也歡迎海洋來滋潤沙灘，」沙漠說，「可是鹽太鹹了，所以只要水，不要鹽。」

智慧與寓意

有的談判，看來非常理想，卻永遠談不成。為了達成有效的合作，除了提出自己的要求，還要做出適當的讓步，只有雙方的利益兼顧，才能進行成功的合作。

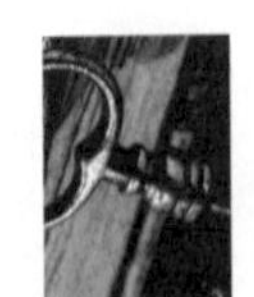

兩個釣魚高手

兩個釣魚高手一起到魚池垂釣。這兩人各憑本事，一展身手，隔不了多久的功夫，都大有收穫。忽然間，魚池附近來了十多名遊客。看到這兩位高手輕輕鬆鬆就把魚釣上來，不免感到幾分羨慕，於是都到附近去買了一些釣竿來試試自己的運氣如何。沒想到，這些不擅此道的遊客，怎麼釣也是毫無成果。

那兩位釣魚高手，兩個個性相當不同。其中一人孤僻而不愛搭理別人，單享獨釣之樂；而另一位高手，卻是個熱心、豪放、愛交朋友的人。愛交朋友的這位高手，看到遊客釣不到魚，就說：「這樣吧！我來教你們釣魚，如果你們學會了我傳授的訣竅，而釣到一大堆魚時，每十尾就分給我一尾，不滿十尾就不必給我。」雙方一拍即合，很快達成了協議。

教完這一群人，他又到另一群人中，同樣也傳授釣魚術，依然要求每釣十尾回饋給他一尾。一天下來，這位熱心助人的釣魚高手，把所有時間都用於指導垂釣者，獲得的竟是滿滿一大籮魚，還認識了一大群新朋友，同時，左一聲「老師」，右一聲「老師」的被人圍著，備受尊崇。

同來的另一位釣魚高手，卻沒享受到這種服務人們的樂趣。當大家圍繞著其同伴學釣魚時，那人更顯得孤單落寞。悶釣一整天，檢視竹簍裡的魚，收穫也遠沒有同伴的多。

智慧與寓意

熱心幫助別人，結果常常是雙方受益。不願給別人提供服務的人，別人也不願給你提供方便。

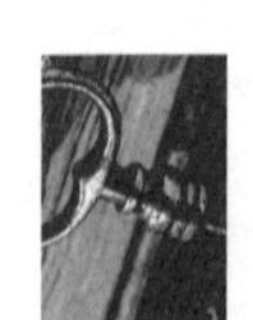

智者的忠告

在茫茫沙漠的兩邊，有兩個村莊，從一個村莊到達另一個，如果繞沙漠走，至少需要二十多天；如果橫穿沙漠，三天就能抵達，但橫穿沙漠太危險，許多人試圖橫穿，卻無一生還。

有一天，一位智者經過這裡，他讓村裡人找來幾千株胡楊樹苗，每半里栽一棵，從這個村莊一直栽到了沙漠另一端的村莊。智者告訴大家：「如果這些胡楊有幸成活了，你們可以沿著這些胡楊樹來來往往；如果沒有成活，那麼每一次行路人經過，都該將枯樹苗拔一拔，插一插，以免被流沙給淹沒了。」

結果，這些胡楊樹苗栽到沙漠後，全都被烈日烤死，成了路標。大家記著智者的忠告，沿著路標，這條路平平安安的走了幾十年。

這年夏天，村裡來了一個僧人，要到對面的村莊去化緣，大家便把智者的忠告告訴他。僧人帶了一皮袋的水和一些乾糧上了路，他走啊走，走得兩腿酸痛，渾身乏力，但眼前依舊是茫茫黃沙。

路上，他遇到一些就要被流沙徹底淹沒的路標，這個僧人想：「反正我就走這一次，淹沒就淹沒吧！」他沒有伸出手去將這些路標向上拔一拔，遇到一些被風暴捲得搖搖欲倒的路標，這個僧人也沒有伸出手去將這些路標向下插一插。

就在僧人走到沙漠的深處時，驀然間飛沙走石，許多路標不見了蹤影，它們有的被淹沒在厚厚的流沙裡，有的被風暴捲走了。僧人像無頭蒼蠅似的東奔西走，但再也走不出這個大沙漠了，在氣息奄奄的那一刻，僧人十分懊悔：如果自己能按照大家吩咐的那樣做，那麼即便沒有了進路，至少還可以擁有一條平平安安的退路啊！

智慧與寓意

俗話說：「與人方便，自己方便。」如果我們只顧個人方便，不管是不是可能影響到別人，最終受害的只能是我們自己。

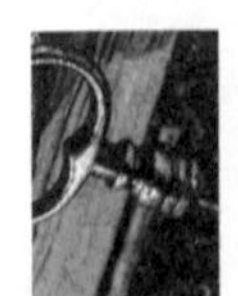

養花人的夢

在一個花園裡，種了幾百棵月季花，養花人認為只有這樣才能每個月都看見花。月季的種類很多，是各地的朋友知道他有這種偏愛，設法托人帶來送給他的。開花的時候，那同一形狀的不同顏色的花，使他的花園呈現了一種單調的熱鬧，他為了使這些花保養得好，費了很多心思，每天給這些花澆水、鬆土、上肥、修剪枝葉。

一天晚上，他忽然做了一個夢，當他正在修剪月季花的老枝的時候，看見許多花走進了院子，好像全世界的花都來了，所有的花都愁眉不展的看著他。他驚訝的站起來，環視著所有的花。

最先說話的是牡丹，它說：「以我的尊貴，絕不願成為你花園裡的不速之客，但是今天，眾姐妹們邀我同來，我就來了。」

接著說話的是睡蓮，它說：「我在林邊的水池裡醒來的時候，聽見眾姐妹叫嚷著穿過森林，我也跟著來了。」

牽牛花彎著纖弱的身子，張著嘴說：「難道我們長得不美嗎？」

石榴激動得捂著臉說：「冷淡裡面就隱含有輕蔑。」

白蘭說：「要能體會性格的美。」

仙人掌說：「只愛溫順的人，本身是軟弱的；而我們都具有倔強的靈魂。」

迎春說：「我帶來了信念。」

蘭花說：「我看重友誼。」

所有的花都說了自己的話，最後一致的說：「能被理解就是幸福。」

這時候，月季說話了：「我們實在寂寞，要是能和眾姐妹們在一起，我們也會更快樂的。」

眾花姐妹們說：「得到專寵的有福了，我們被遺忘已經很久，在幸運者的背後，有著數不盡的怨言呢！」說完話以後，所有的花忽然不見了。

他醒來的時候，心裡很悶，一個人在院子裡走來走去，他想：「花本身是有意志的，而開放正是它們的權利，我已由於偏愛而激起了所有的花的不滿，自己也越來越覺得世界太狹窄了。沒有比較，就會使許多概念都模糊起來。有了短，才能看見長；有了小，才能看見大；有了不好看，才能看見好看……。從今天起，我的院子應該成為眾芳之園，讓所有的花都在她們自己的季節裡開放吧！」

智慧與寓意

一花開放不是春，萬紫千紅春滿園。一個組織需要具有不同性格和特長的人才。在團結合作的過程中，要注意求同存異，各顯所長。

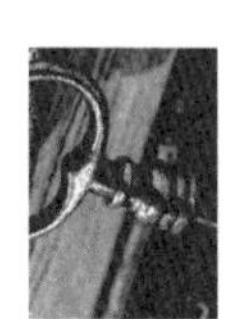

長尾羽孔雀

有一隻雄孔雀的長尾巴真是漂亮極了，金黃和翠綠的顏色互相交錯，在陽光下閃爍著艷麗的光澤，令人驚歎大自然的造化竟有如此神奇美妙的傑作，這絕不是一般的畫家用七彩筆所能描繪得出來的。

豈止是人類羨慕雄孔雀美麗的尾羽，就連這雄孔雀自身也因這美麗而陶醉，以至進一步養成了嫉妒的惡習。牠雖然已經被人類馴養很久了，但只要是見到了有少男少女們穿著顏色鮮艷的服裝在大街上行走，仍然禁不住妒火中燒，總要衝上去啄咬個幾口，才肯罷休。

早先，這隻雄孔雀每逢在山裡棲息的時候，總是要先選擇好一個能掩藏尾羽的地方，然後再來安置身體的其他部位。可是有一天，天上突然下起了大雨，雄孔雀因躲避不及，而淋濕了漂亮的尾羽，這使牠好痛心啊！恰在此時，手持羅網捕鳥的人又來到了面前，而這隻孔雀還在珍惜顧盼自己漂亮的尾羽，不肯展翅高飛逃離現場，於是落入了捕鳥人撒下的羅網。

雄孔雀有著美麗的長尾羽，這本來是一件值得驕傲的事。但牠卻對自己的這一優長之處珍愛得太過分了，其結果是反而招致了禍患。

智慧與寓意

事物都是一分為二的。在一定的條件下，優點和缺點也能夠相互轉化。如果有誰對自己缺乏自知之明，過分看重自己的優點，某項長處就會成為包袱，好事就有可能變成壞事，引出本來可以避免的危害。

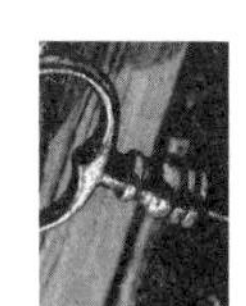

懊惱的山羊

早晨，一隻山羊在柵欄外徘徊，想吃柵欄裡的白菜，可是牠進不去。

這時，太陽東昇斜照大地，在不經意中，山羊看見了自己的影子，牠的影子拖得很長。

「我如此高大，肯定能吃到樹上的果子，現在吃不到這白菜又有什麼關係呢？」牠對自己說。

遠處，有一片果園，園子裡的樹上結滿了五顏六色的果子。

於是，牠朝著那片園子奔去。

到達果園，已是正午，太陽當頂。當時，山羊的影子變成了很小的一團。

「唉，原來我是這麼矮小，是吃不到樹上的果子的，還是回去吃白菜的好！」

於是，牠怏然不悅的折身往回跑。跑到柵欄外時，太陽已經偏西，牠的影子重新又變得很長很長。

「我為什麼非要回來呢？」山羊很懊惱，「憑我這麼大的個子，吃樹上的果子是一點沒有問題的！」

智慧與寓意

不能僅僅依靠別人的看法和言論來認識自己。要學會正確、客觀地認識自我，準確評估自己的能力。

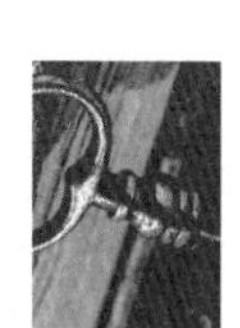

樵夫和他的兩個兒子

從前有一個樵夫，他有兩個兒子。他每天都輪流帶一個兒子到森林裡去打柴，自己砍，叫兒子幫他拾。

後來，這兩個兒子都長大了，樵夫就對他們說：「孩子們，往後你們就自己到森林裡去打柴吧！我就留在家裡了。」

兩個兒子一起說：「爸爸，要是大車壞了，由誰來修呀？」

父親對他們說：「孩子們，如果你們的大車壞了，或者還碰到了別的什麼困難，你們都不用怕，『需要』會幫助你們的！」

弟兄兩個高高興興的進了森林，他們手腳很快，打的柴比任何一天都要多。他們把柴捆好，裝上車，趕著大車就往回走。

可是不巧，車子在半路上壞了。於是，弟兄兩個趕緊下車，一起喊了起來：「『需要』呀，你快來幫我們修車吧！」

他們喊了一遍又一遍，天都快要黑了，他們的嗓子也喊啞了，可是，「需要」

還是沒有來。弟弟滿肚子不高興，就說：「這個該死的『需要』就是不來，哥哥，我們還是自己動手修吧！」

哥哥說：「大概是『需要』離我們太遠了，沒有聽見我們的話，讓我們用最大的力氣再喊一陣！」他們又喊了許多遍，直到把嗓子喊啞了，「需要」還是沒有來。

弟弟又對哥哥說：「你看，天已經越來越黑了，說不定我們白喊了，誰知道『需要』還會不會來修車呢？」

等得沒有指望了，弟兄兩個只好自己動手，一個拿斧頭，一個拿鑿子，兩個人齊心協力，終於把車修好了。

回到家裡，父親問他們：「孩子們，你們是怎麼回來的？」

弟兄兩個一起抱怨起來：「哎呀，我的爸爸，我們剛走到半路上，車就壞了。我們一直喊那個該死的『需要』，把嗓子都喊啞了，他都不來。我們拿起斧頭和鑿子自己把大車修好了。」

父親聽了，高興的說：「我的孩子們，這就是『需要』呀！它就在你們身邊，而你們還喊它呢！沒有人幫助你們，你們自己不是也把事情完成了嗎？所以，人們都說，『需要』會給人添智慧呢！」

智慧與寓意

幾乎所有的人身上都隱藏著巨大的潛能，有待我們去開發和挖掘。當生活中迫切需要某種能力的時候，我們的潛在能力就可能得到很好的發揮。

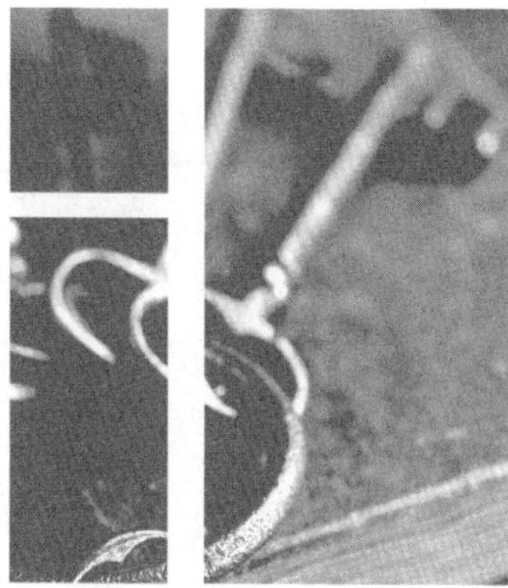

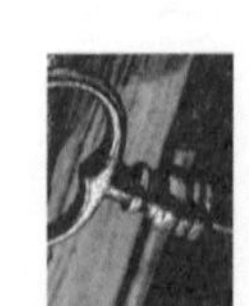

被打入冷宮的王后

從前有一位國王，他有一位非常美麗的妻子，他們非常相愛。

但是王后卻整天悶悶不樂，因為每當她面對鏡子的時候，就會覺得恐慌，她覺得她還不是天下最美麗的女人。因為她長著一對尖尖的虎牙。

雖然國王從來不曾說過什麼，但是她一直擔心，生怕有朝一日國王移情別戀。王后悄悄找到全國最好的牙醫，把虎牙拔掉了。牙醫給她鑲了兩枚假牙，假牙非常精緻，任何人都看不出任何破綻。

她高興地去找國王，然而令她大失所望的是，國王只用看陌生人的眼神看了看她，冷淡的走了。

此後，國王很久不再見她。半年後，國王把她打入冷宮，另娶了一位年輕貌美的姑娘做王后。對於這位新王后，國王寵愛有加。

被打入冷宮的王后非常失落，她想那位新王后一定比自己美麗得多。有一天，她在花園裡看到了新王后，新王后對她一笑，她這才看清楚了，這位新王后並不是十分漂亮，而且，她也長著一對尖尖的虎牙！

原來，國王最喜歡的就是有虎牙的女人！

智慧與寓意

我們常常是由於有自己的特色而不是優點才顯得可愛的，何必要對自己身上那些無傷大雅的缺點耿耿於懷呢？勇敢的保留住我們的特色吧！

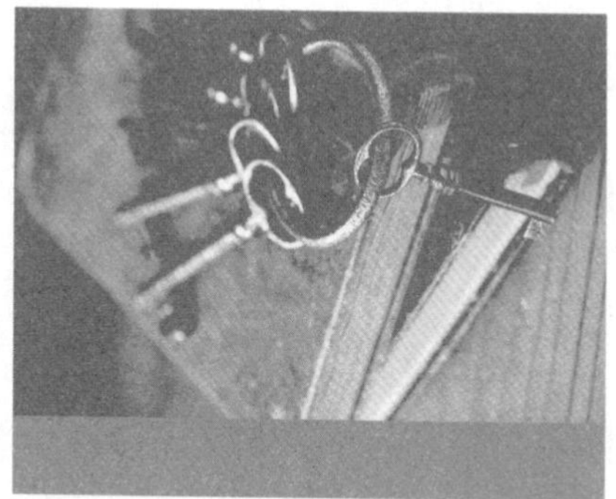

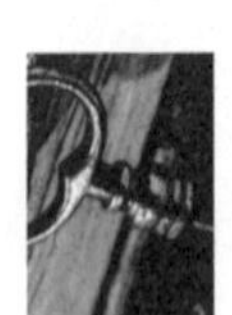

兩個男人和一個女人

有一個女人，她年輕漂亮，極迷人。有兩個年輕男人，他倆愛上了這同一個女人，幾乎同時向她求了婚。

兩位的求婚使她心滿意足。有生以來，能夠挑選總是讓人高興的事。但是她左右為難，究竟選誰呢？於是她把他們兩人都叫過來，說：「我把你倆都叫來是有原因的。你們都告訴我你們愛我，但我一直難以做出決定，你們倆都是極棒的男子漢……」

兩個男人分別傾身訴述衷腸，山盟海誓。

「沒有人比我更愛你。如果可能的話，我可以掏出心來讓你看看。」

「不！最愛你的人是我。為了你，我心甘情願獻出生命！」

「你誇下海口獻出生命算什麼？如果你真的這麼想，那麼我們來場決鬥。如果你有勇氣……」

「正合我意。我們進行公平決鬥。除此之外，沒其他辦法了。」

他們四目相對，似乎真要決鬥。女人擋到他倆之間說：「你們別衝動，我不知道誰的愛更深，但決鬥畢竟太野蠻。我們生活在一個文明的社會裡，應該有更好的競爭方式，展示誰的能力更強。」

「同意！你說怎麼辦？」他倆說。

「我要你倆各自去做生意，我想看看從現在開始一年之後誰能賺取更大的利潤。別誤解我的意思，我可不是那種財迷心竅的女人。但是我覺得這是測試一個人在現代社會中能力強弱的最好的方法。」

「很好！我們就以這種方式一決勝負。我相信我會贏。你能發誓遵守決勝結果嗎？」

她同意了，比賽規則也制訂了。

兩個男人訂下計劃開始工作，廢寢忘食的工作。

一年期限到了，他倆回到女人那裡，一個男人說：「我竭盡全力地工作，但是遭到一場始料不及的災難，所以我的生意很不盡如人意。我退出比賽。」

但另一位打斷了他的話：「我的生意很好，但是如果他沒有遭遇災難，他也可能會贏。我這麼贏了心裡也不是滋味，我願將決鬥延後一年，那時會更公平些。」

這個建議合情合理，女人贊同，比賽繼續。接下來的一年中，兩個男人對自己的工作更認真，他們的生意都比以前好。

年底，他倆又回到女人那裡，一個男人說：「我現在已在他之上，我似乎已贏了。但我並不為此感到高興，因為他去年對我太寬容了。為了回報他，我請求再延後一年。與此同時，我們都要多掙些錢，無論誰贏了，對你都更好。」

她又一次贊同了。兩家企業規模仍在擴大，雖然偶有失誤，他們也能將損失控制在最小的範圍，並能吸取教訓，完善未來規劃。

一年後，決定又一次延後。以前他們只是在做夢，但現在他們開始理解什麼是真正的商界。從現在開始，這場競爭變得更認真了。他們在前期瞎闖的基礎上繼續努力，目標明確奔向未來。

他們熱情飽滿繼續競爭，並樂在其中。他們在發展企業擴大收益的過程中還找到了刺激和快樂。這使他們的生活更有價值，其他一切都無關緊要。

數年過去了。

女人不再年輕了。她把兩個男人叫來，她說：「我看到你們倆都獲得了極大的成功，這使我很高興。但是我怎樣呢？我們不是許下諾言了嗎？我要求快做決定。」

兩個男人耳語一番。

「是的，沒錯。曾經許諾過，我們現在的成功全歸功於她。無論如何明年我們得做出決定，但是條件顛倒過來吧，輸者娶她為妻……」

智慧與寓意

隨著時間的發展，你自身的條件和身價也在不斷發生變化，在與人相處的時候，千萬不要忘了及時調整自己的思維，對自己做出準確的評判。

謝謝您購買 **小故事裡的智慧** 這本書！

即日起，詳細填寫本卡各欄，對折免貼郵票寄回，我們每月將抽出一百名回函讀者寄出精美禮物，並享有生日當月購書優惠！

想知道更多更即時的消息，歡迎加入"永續圖書粉絲團"

您也可以利用以下傳真或是掃描圖檔寄回本公司信箱，謝謝。

傳真電話：（02）8647-3660　　信箱：yungjiuh@ms45.hinet.net

☺ 姓名：　　□男 □女　　□單身 □已婚

☺ 生日：　　□非會員　　□已是會員

☺ E-Mail：　　電話：（ ）

☺ 地址：

☺ 學歷：□高中及以下 □專科或大學 □研究所以上 □其他

☺ 職業：□學生 □資訊 □製造 □行銷 □服務 □金融
□傳播 □公教 □軍警 □自由 □家管 □其他

☺ 您購買此書的原因：□書名 □作者 □內容 □封面 □其他

☺ 您購買此書地點：　　金額：

☺ 建議改進：□內容 □封面 □版面設計 □其他

您的建議：